小学生心理健康养成记

提升学习力

聂振伟 钱玉玉 武月 著

中国农业出版社

北京

图书在版编目（CIP）数据

提升学习力/聂振伟，钱玉玉，武月著. —北京：
中国农业出版社，2022.4
（小学生心理健康养成记）
ISBN 978-7-109-29224-6

Ⅰ.①提… Ⅱ.①聂…②钱…③武… Ⅲ.①小学生
-学习方法 Ⅳ.①G622.46

中国版本图书馆CIP数据核字（2022）第043835号

TISHENG XUEXILI

中国农业出版社出版
地址：北京市朝阳区麦子店街18号楼
邮编：100125
策划编辑：宁雪莲
责任编辑：刁乾超　　文字编辑：屈　娟
版式设计：马淑玲　　责任校对：吴丽婷　　责任印制：王　宏
印刷：北京汇瑞嘉合文化发展有限公司
版次：2022年4月第1版
印次：2022年4月北京第1次印刷
发行：新华书店北京发行所
开本：700mm×1000mm　1/16
印张：10
字数：200千字
定价：39.80元

序言

小读者朋友，当你的目光被这套书精美的封面以及书中图文并茂的故事内容吸引，当你的手翻开这套书的时候，恭喜你长大了！

我们从小就渴望长大，长大就可以自己决定买心仪的玩具或文具，长大就可以自己决定学习的内容和学习的时间安排……

可是，长大也会有烦恼！

在我国第一条中小学生心理帮助热线中，我倾听过青少年朋友许许多多关于"长大烦恼"的求助电话，如学习竞争的压力、师生间的教学矛盾、学生小领袖的"夹板气"、与父母亲子关系的隔膜、思考自己为什么而活着的"小大人"的苦恼、被医生诊断抑郁后的焦虑、离家出走前的呼救……很多成长中的问题迫切需要知心朋友的指导、帮助。

这正是我写此书的初衷：在我有生之年，为正在成长的小朋友们多做一点事情。用我40多年掌握的教育学、心理学知识，30多年做热线志愿者的热情，以及自己心理咨询、督导的经历，培训全国大中小学教师及家长的经验，为学生和家长朋友们解决一点小烦恼。

阅读心理学书籍，能够提供让我们静下心来看世界、深入了解自己的机会。你慢慢地会发现，每个人的性格不同，学习潜力存有差异。怎样做更好的自己，与他人愉快地交流和相处，才是我们生活幸福的源泉，是我们的生命意义！

调整和发展自己的潜能，就是学习，就是生活，需要一生的努力！"小学生心理健康养成记"这套书将会从学习、情绪、交朋友、意志力和生命这几个角度出发，带领你体会和思考如何学习和生活，带给你更多发现自己的新视角。

家长朋友，在升学辅导资料充斥图书市场和家庭书架的今天，你能带着不满足于学校所教授孩子的知识、渴望陪伴孩子健康成长的愿望，发现这套适合您与孩子一起阅读、一起成长的书籍，我由衷地为您和孩子高兴。

心理健康的终极目标是协助儿童、青少年了解自己、保护自己、理解生命，进而捍卫生命的尊严，激发生命的潜能，提升生命的质量，实现生命的价值。从这个意义上说，心理健康是培养健全人格不可或缺的，是与学科知识并驾齐驱的。它们如同战车的几匹马，都是人生健康成长的动力！

在青少年帮助热线中，不少家长朋友倾诉诸多生活中的育儿难事，我在倾听中了解到朋友们渴望提升与孩子沟通的技能。因此，这套书在主动引领孩子提高应对问题的能力的同时，也努力为家长朋友提供亲子交流的契机。

教育发展的历史告诉我们：身教重于言教！陪伴孩子学习，一起阅读，一起思考，用生命陪伴的历程写就属于您与孩子的故事，使孩子的智慧无限延展，进而成为孩子终身受益的宝贵财富。同时，帮助您在繁忙的工作之余，静下心来看世界，深入了解自己，觉察我们与孩子的关系、与他人的关系。

祝愿家长与孩子一起阅读，一起"共事"，一起分享感受，一起快乐成长！

你们的朋友

北京师范大学心理咨询中心　聂振伟

2022.2.19

目 录 CONTENTS

第一章

启动
学习望远镜

我们从降生的那一天起就已经开始了学习。当咿咿呀呀、手舞足蹈时，我们因为探索和好奇而模仿，这是学习，当走入校园、书声琅琅时，我们为求知而努力学习；当学业有成、职业生涯开始时，我们会因为动荡和卓越而持续学习……"学习"与我们的成长相伴而行，自始而终。学习的路上，不只有坦荡开阔的大道，也会有狭窄难行的小路，更会有崎岖陡峭的山路。你在这条路上行走的方式和心态决定了你未来的样子。

我们为什么要学习

在同学们的千呼万唤中，红苹果小学的博物馆之旅终于开始了，三年级的同学们要去的是"奇思妙想"博物馆，据说那里有一项神奇的"学霸养成"功能。

博物馆探险的第一天。乐天小队的文乐乐、伍天天和钱小易怀着激动和期待的心情整装待发。当老师宣布探险开始之后，他们就迫不及待地开启了本次的探险之旅。

妙妙

你们好，我是机器人妙妙！本次旅行我会一直陪伴在你们身边！

你们是不是都想成为小学霸？那我可要提醒大家，一定要跟随每一关里的"奇妙新视界"，积极探索和思考，记得启动自己的聪明大脑哦！

奇妙新视界

　　每个人的成长都要经历五个阶段：幼儿期、儿童期、青春期、成年期、老年期。学习是成长之路上的永恒主题，会一直伴随我们成长。1994年在罗马举行的"首届世界终身学习会议"，让"终身学习"这个观念在世界范围内达成了共识。

　　你一定很意外吧？没错，并不是只有学生才需要学习，大人仍然在学习哦！不信的话，你可以问问自己的爸爸妈妈。

　　现在，请你来猜一猜，在不同的成长阶段，人们都在学些什么呢？把你猜到的内容填写到下图的空格里面吧。

怎么样？你能在每个年龄阶段的小人儿旁填上一些他们可以或者需要学习的东西吗？你如果能做到的话，请给自己点个赞，你一定是个擅长观察和思考的孩子！

|时光穿梭机|

　　周一的班会上，班主任老师给同学们提出一个问题——我们为什么要学习，让同学们在小组内交流分享。大家讨论得可起劲了。可不是吗，同学们在家里经常被爸爸妈妈催着看书、写作业，有的同学考试成绩不理想还会挨骂，想想就让人头大。今天终于有机会和大家一起倾诉了。

　　同学甲说："我爸妈经常督促我学习，如果我稍有懈怠，他们就会晓之以理，动之以情，甚至'家法处置'。为了让他们满意，我就是装也要装出学习的样子，不然，他们哪肯善罢甘休。"

　　同学乙说："我感觉爸妈特别不容易，他们要赚钱养家，还要放弃休息时间辅导我学习。我如果不好好学习，感觉有些对不起他们。"

　　同学丙说："我想让老师和同学们都喜欢我，因此课上专心听讲，课下认真完成作业，还会做很多课外习题。这样，我就能保持成绩遥遥领先，大家都会喜欢我。"

　　听完同学们的分享，文乐乐有些迷茫。

　　晚上写完作业，文乐乐看到妈妈正在看书，还在电脑上面做着笔记，他问妈妈："您现在已经工作了，为什么还要学习呢？"

　　妈妈回答说："我为自己学习呀，学习心理学知识可以提升工作能力，还可以更好地帮助他人，这让我感觉自己特别有价值。"

文乐乐想了想，说："我长大了想当宇航员，我也可以为自己学习吗？"

妈妈接着说："当然啊，要想成为一名宇航员，不仅需要健康的体魄和良好的心理素质，还需要丰富的飞行技巧和渊博的知识，这些都要通过不断的学习和训练才能获得。看看神舟十二号的航天员，你就知道啦！"

通过和妈妈聊天，关于"我们为什么要学习"这个问题，文乐乐心里有了属于自己的答案。

能量补给站

要探讨我们为什么要学习，并且要终身学习，就要提到一个著名的心理学知识——美国心理学家马斯洛提出的需求层次理论。这个理论把人的需要分为五个层级。

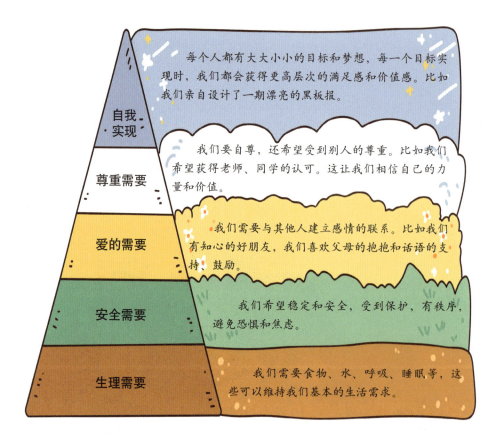

自我实现：每个人都有大大小小的目标和梦想，每一个目标实现时，我们都会获得更高层次的满足感和价值感。比如我们亲自设计了一期漂亮的黑板报。

尊重需要：我们要自尊，还希望受到别人的尊重。比如我们希望获得老师、同学的认可。这让我们相信自己的力量和价值。

爱的需要：我们需要与其他人建立感情的联系。比如我们有知心的好朋友，我们喜欢父母的抱抱和话语的支持、鼓励。

安全需要：我们希望稳定和安全，受到保护，有秩序，避免恐惧和焦虑。

生理需要：我们需要食物、水、呼吸、睡眠等，这些可以维持我们基本的生活需求。

以上五种需要中，生理需要和安全需要是物质需要，爱的需要、尊重需要和自我实现的需要是精神追求。

不管是哪个层级的需要，我们都需要通过学习，掌握一定的知识和技能，才有能力让自己获得这个层级需要的满足。

自我成长屋

　　我们到底为什么要学习？乐天小队带着自己的问题，找到了妙妙。

　　伍天天问："我现在知道了学习是为了自己，但是每天都要学习，有时候会感觉很辛苦。有没有什么办法可以让学习变得快乐一些呢？"

　　文乐乐和钱小易在一旁点头附和，也是满脸困惑。

　　妙妙得意地说："我为你们精心准备了秘籍，一定要认真看，坚持做哦。"乐天小队接过秘籍，认真地看了起来。

快乐学习秘籍

1. 给自己定一个小目标

2. 多和自己比较

3. 合理规划时间

4. 组成互助学习小组

1.给自己定一个小目标

我们每个人都有属于自己的理想，都可以为了理想而努力学习。因为理想通常太大、太遥远，所以我们把它分成很多个小目标，就像登山一样，每攀登一个小台阶，你就离山顶近了一步。

2.多和自己比较

很多同学喜欢和别人比较，有时会让自己陷入焦虑之中。正确的做法是我们多和自己比较，以前不会的题目现在会了，以前马虎现在变得认真了。和自己比较，可以让我们看到自己实实在在的进步。

3.合理规划时间

有时候，我们习惯边玩边学，学习效率太低，导致真正可以放心休息、玩耍的时间减少了。我们学习的时候如果能够专心致志，把时间安排好，就可以做到两者兼得。

4.组成互助学习小组

和同学一起学习，相互监督，既可以增加学习的外部动力，还可以增进友谊！

2 了解未来的自己

　　如果有一个直望未来的望远镜，可以看到20年后的自己，那么，你会期待未来的自己是什么样的，你的家在什么地方，你的工作环境是什么样的，你与家人、朋友的关系又是怎样的呢？

　　在"启动学习望远镜"展厅里有这样一个能让现在的自己与未来的自己相遇的"太空星河"：这里繁星密布，还有一架通向未来的隐秘的"星星之桥"，这个桥上，散布着6个与未来的自己直接相关的星球。让我们和乐天小队一起去探索吧！

奇妙新视界

"适应"星球
在慢慢长大中，我们对知识和本领会有更多的需求，学习可以促进我们适应能力的提升，以早日满足自己新的学习需求。

"人际"星球
我们生活在一个与人接触的世界中，即便朋友不多也没关系，只要和每一个与我们相处的朋友彼此真诚相待就好。

"健康"星球
按照"合理膳食"的建议，小学生一日三餐要摄入充足的谷类食物，粗细搭配，也要常吃适量的鱼、禽、瘦肉和蛋，尽量把多种颜色的蔬菜搭配在一起吃。

"自我"星球
随着年龄的增长，我们会对自己有更多了解和发现。无论怎样，我们都可以成为更好的自己。

"乐观"星球
每到考试之前，我们既不过度放松，也不"压力山大"，将考试看作提高自己的训练场，力争发挥最佳水平。

"情绪"星球
喜怒哀惧是我们的基本情绪，每一种情绪都有其存在的意义。同时我们要学会如何让快乐的情绪多驻留在心境中。

走过"星星之桥"，我们会遇到不同的"未来自己"，下面哪一个是你期待中的自己呢？

医生　　　　　　　工程师　　　　　　航天科研工作者

未来的自己还有可能是什么样呢？

老师

相信一定还有更多的"未来自己"，他一定是我们心中优秀的自己，也是我们梦寐以求的自己。你知道如何才能成为"未来自己"吗？

时光穿梭机

2020年春节，在新冠疫情防控时期，网络上流传着这样一句话：初一不出门，十五不出门，钟南山说出门，我们才出门。钱小易对这句话不解，于是问妈妈："为什么大家这么听钟南山爷爷的话呢？"

妈妈笑呵呵地反问道："你觉得这是为什么呢？"钱小易若有所思地说："首先他是医生，我们必须要听他的，不然就会有很多人被传染了；还有钟南山爷爷是年纪最大的医生，听说他都80多岁了还在工作呢！"

妈妈微笑着对钱小易说："嗯，你说得很对。多年前中国发生了一场很严重的疫情，那时候60多岁的钟南山爷爷带领医务工作者抗击病毒；如今，他已经80多岁了，面对病毒，再一次挂帅亲征。有他在，我们就有战胜疫情的信心！"

"哇！钟南山爷爷真让人佩服！"

"是啊。钟南山爷爷可是我们国家著名的呼吸病学专家。他出生于医学世家，毕业于北京医学院，毕生致力于医务工作和医学研究，取得了很多突破性的研究成果。因此你看，这背后其实是学习带给人的力量，这种力量让人们勇敢地面对危险。我国还有李兰娟院士、陈薇院士、张文宏医生等医务工作者。因为他们有着出色的专业水平，他们的共同努力让更多人避免被感染，所以我们才更有底气与能力去和病毒作斗争。"

能量补给站

　　未来的自己会是什么样呢？美国教育心理学家加德纳告诉我们，"未来自己"一定是多元的。加德纳提出的多元智能理论认为，一个人能够拥有的用于解决问题的能力，通常可以概括为八种，这是我们面对未来世界的奇妙法宝。每一个人都会具备这些法宝中的其中几项，而一个注重全面学习的人可能会获得所有法宝，就像"百变战士"或"魔法仙子"一样。

法宝一

言语智能。听、说、读、写等运用语言进行描述、表达、交流的能力。

法宝二

数理智能。运算和推理的能力，表现为对数字和事物间关系的敏感，通过数理运算和逻辑推理进行思维。

法宝三

空间智能。对线条、形状、结构、色彩和空间关系的敏感，以及通过平面图形和立体造型将它们表现出来的能力。

法宝四

运动智能。能够较好地控制身体，并运用肢体动作表达思想和情感。

法宝五

音乐智能。感受、辨别、记忆、改变和表达音乐的能力。

法宝六

交流智能。善于察觉他人的情绪和情感，人际交往能力强。

法宝七

自我认知智能。能够正确地认识和评价自身的情绪、动机、欲望、个性、意志，并调整自身行为。

法宝八

自然观察智能。善于辨别周围环境，并加以分类和利用。

17

|自我成长屋|

三人小组中的每一个人都想在未来能够拥有神奇的八个法宝，他们相信，未来的自己一定会让其中的一个或几个法宝大放异彩。这一点，机器人妙妙十分赞同，它点点头说："未来的你们一定有各自的优势，因此，现在每一天的学习都是为了成就未来与众不同的自己！"

现在我们可以运用法宝七——自我认知智能对自己的现在和未来进行思考。你可以按照下面"自我认知"的指引步骤，试着整理一下自己的期待。

第一步：回顾过去。我已经拥有_____法宝，我拥有这项法宝的表现是_____

第二步：聚焦眼前。为了让我已经拥有的法宝更加具有力量，我可以_____

第三步：产生期待。我希望在未来能够获得_____法宝，因此我需要为此开启的计划是_____

很多作业都需要绘画，但我正欠缺这个能力，看来我要发展一下自己的"空间智能"了。

3 学习的魅力

在生活中，我们总会面对一些不得不去做的事情，当时你有注意过自己的心情是怎样的呢？在今天的"奇妙新视界"中，乐天小队体验了一个极具挑战的游戏。你可以和身边的小伙伴或者爸爸妈妈一起来挑战。

奇妙新视界

　　右图每一个不同颜色的圆代表一个人的起点，请你和小伙伴选择各自喜欢的颜色进行准备。按照下边挑战题目的顺序一一作答，你的答案如果为"是"，可以前进一格；如果为"否"，保持原地不动。

挑战题目

题目1：可以独立完成一幅图文并茂的手抄报。

题目2：能够将一个打乱的三阶魔方还原。

题目3：可以一分钟跳100个跳绳或者完成35个仰卧起坐。

题目4：完整地阅读过"四大名著"中的一本。

题目5：对写景物、童话或人物的作文非常擅长。

题目6：能够记住本学期学过的所有英语单词。

题目7：能够根据科学小制作的说明独立完成手工制作。

起点	1	2	3	4	5	6	7
😊							
😃							
😊							
😊							

在这个游戏中，请你观察自己能够站到哪一个位置，伙伴能够站到哪一个位置。也请你关注一下，面对不同的选项，自己有能力达成或者不能达成时，你的感受会有什么不同？

伍天天和两个小伙伴顺利地完成了整个游戏。她发现自己能够站到第五格的地方，文乐乐与自己相同，但钱小易可以站到第六格。这是因为自己不能还原三阶魔方，而钱小易可以。

在谈到自己面对题目中的不同选项时，文乐乐和钱小易都表示：如果其中接连几项都是自己可以完成的，他们会感觉很开心，更加自信。这时，伍天天想到了自己和爸爸的一次对话。

时光穿梭机

　　一次，伍天天和同学西西聊天，偶然知道西西的爸爸还在上学，读的是博士后。于是她们一起算了一下，发现一个人从小学到完成大学本科的学业，要上16年学，再继续读硕士研究生、博士研究生的话就要更多时间了。

　　"为什么要上这么多年学呢？"伍天天觉得很奇怪。放学回家后，她向爸爸提出了这个疑问。

　　爸爸想了想，在纸上画了三棵树。第一棵是很细很细的小树苗，第二棵是有两个碗口那么粗的小树，第三棵就是那种参天大树了。画完之后，爸爸对伍天天说："第一棵树需要养护二三年，第二棵树需要养护八九年，第三棵树需要养护至少20年以上才能长得这么粗壮、高大。现在需要把这三棵树作为材料来利用，你来给它们安排安排，看看它们可以怎样利用。"

　　伍天天还是第一次思考这个问题，不过她很快就有了答案："长了二三年的树，粗点的部分可以当农民伯伯家的篱笆，细点的部分可以在乡村土灶上当作柴火烧。"爸爸点了点头。

　　"长了八九年的树，树干粗了不少，应该能用来盖一座小木屋，还可以打磨一下做桌椅板凳，如果当篱笆或是当柴烧就有点可惜了。至于生长20年以上的树嘛，用途就太多了，既可以用来盖大房子，制作床、柜这种大型家具，也可以切成小块做木制品。"伍天天说。

　　爸爸接过天天的话问："因此，那棵长了20年以上的树，在用途上可以有更多的选择，但那些长了短短几年的树，用途就很少。那你说上5年的学、10年的学、20年的学有什么区别呢？"

　　"噢，我明白了。上学时间短，以后不再继续学习的话，我们未来也许就像那棵小树一样，只能做一两件事。而上学时间越长，就像那棵长了20多年的大树一样，能做的事情就越多，能选择的生活方式也越多。"

能量补给站

如果把人比喻成一棵树，那么相信很多人都会期待未来的自己成为一棵能"发光"的树，树无论是高是矮，总是希望能彰显自己最大的价值。这就需要这棵树能在生长的过程中不断汲取养分，任凭风吹雨打，也能健康、积极地成长——而"学习"就是在帮助我们获取养分。

美国心理学家加涅把我们的"学习"（这里所说的学习，可不仅仅指我们在学校学习知识，而是指我们成长为一个独立的人需要掌握各种技能）按照从简单到复杂的顺序分成八个等级。

第一等级

信号学习。这是一种所有动物（包括人类）都会的学习，是对某种信号作出的特定反应。

第二等级

刺激——反应学习。在训练和被肯定的基础上，某些行为总会出现。

第三等级

连锁学习。这是一种成系列的学习。

第四等级

言语联结学习，是指语言学习中言语的连锁学习。

第五等级

多种辨别学习。辨别多种刺激之间的异同，并能作出正确反应。

第六等级

概念学习，是指对事物的共同特征进行反应的学习。

第七等级

原理学习，是指对两个以上的概念及其关系进行学习。

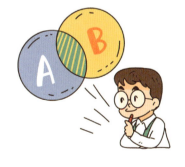

第八等级

问题解决学习，是指用学会的原理解决问题的过程。

自我成长屋

　　文乐乐、钱小易和伍天天边走边聊。文乐乐说："学习真是不简单，越探讨越发现学习永无止境！"钱小易点点头说："对呀，怪不得我那个研究生毕业的姐姐找工作时可以有好几个选择！"

　　此时，妙妙像一位老先生似的，故作认真地说："看来你们都能感受到学习的魅力了。今天你们当一次小记者，采访一下熟悉的人，去了解更多人通过学习获得了什么。"

　　下面是一张小记者采访单，请你参考采访单中的问题，对家人、老师或朋友进行采访。相信通过采访，你会发现更多学习的魅力。

学习让我收获了……

　　1.在学习中，你最有成就感的事情是什么？你是如何做到的？

　　2.你感觉学习能够带来哪些改变呢？

　　3.在未来，你还想通过学习获得什么呢？

第二章

神奇的
"大脑加工厂"

如果我们把学到的每一个知识和每一种能力都比喻成丰富多彩的"产品",那么学习历程就是一条复杂无比、神秘感十足的"生产线"。在这条看不见、摸不着的隐形生产线中,大脑的各个部分都在为我们的持续学习提供最基础、最重要的认知和能量。

神奇的大脑指挥部是怎样工作的?怎样才能获得思维活动的源泉?怎样让自己成为观察的行家里手?有没有过目不忘的秘籍?……今天让我们一起走进神奇的"大脑加工厂"吧!

1 大脑的"内部世界"

经过第一天的博物馆探险，乐天小队对于今天的行程充满了期待，他们早早地来到博物馆，寻找机器人朋友妙妙。

妙妙对他们说："今天我们将开始新的探险之旅，我将带你们进入神奇的'大脑加工厂'，走进大脑的'内部世界'。"

奇妙新视界

大脑是人体最重要的器官之一，就像一台计算机，只是运转能力更强：它负责掌控我们的行动，可以存储记忆，让我们思考和学习，决定了我们是谁。大脑也是最为复杂的器官：即使无数的研究者夜以继日探究其中的奥秘，我们仍然不能完全了解大脑，还有很多秘密等待我们去发现和解答。现在，让我们先来了解一些有趣的大脑"冷知识"。

1 大脑的成分中，80%是水。

2 大脑尽管只占人体总重量的很少一部分，但是大脑消耗的能量占全身消耗能量的20%左右。原因很简单，大脑是控制整个身体的器官，每时每刻都需要消耗能量。

3 大脑由成千亿的神经细胞集合组成，这些细胞彼此相连，不论白天黑夜都在传递着信息。

4 人体有140亿～150亿个脑细胞，如果由于某些原因导致大脑缺氧6～8分钟，大脑就会濒临死亡。

时光穿梭机

每年的9月16日，是我国的"脑健康日"。为了让同学们关注大脑健康状态，红苹果小学筹划了一次年级活动——健康用脑知识小组PK大赛。

文乐乐首先发言："每天保证8小时睡眠，大脑就会一直保持活力，我每次晚上睡少了，上课的时候就昏昏沉沉，像一个'无脑人'一样。"听完文乐乐的发言，同学们都乐了。

钱小易抢到了发言权，他说："我认为一定要吃好吃饱，按时吃饭，营养均衡，这样大脑才可以高速运转。"

终于轮到伍天天发言了，她若有所思地说："我感觉心情会影响大脑的运转：心情好的时候，做题特别快；心情不好的时候，大脑思考问题的速度就会变慢很多。"

……

老师听完大家的回答，高兴地说："大家回答得都很好，养成好的用脑习惯，可以让大脑更好地工作！接下来，咱们一起揭晓今天的获胜组吧……"

能量补给站

美国心理生物学家斯佩里博士通过著名的割裂脑实验，证实了大脑不对称性的"左右脑分工理论"，并因此荣获1981年的诺贝尔生理学或医学奖。这个理论让我们了解到，左右脑是有分工的。

正常人的大脑有两个半球，由胼胝体连接沟通，构成一个完整的统一体。在正常的情况下，大脑是作为一个整体来工作的。来自外界的信息，通过胼胝体进行传递，左、右两个半球的信息可在瞬间进行交流，人的每种活动都是大脑两个半球信息交换和综合的结果。

割裂脑实验将大脑左、右两个半球之间的胼胝体割断，这样，外界信息传至大脑半球皮层的某一部分后，不能同时传递给另一侧大脑皮层，两侧大脑半球独立活动。这个研究让人们发现，大脑左右半球的功能有着明显差异。大脑左半球的思维方式具有连续性、延续性和分析性等特点，被称为"意识脑""学术脑""语言脑"。大脑右半球的思维方式具有无序性、跳跃性、直觉性等特点，被称为"本能脑""创造脑""艺术脑"。

不过最近的研究发现，大脑两半球功能的划分并不绝对。比如，大脑右半球在语言理解中同样发挥重要作用，只是激活强度低于大脑左半球。

> 读到这里，你可以伸出大拇指为自己点赞哦！这说明你对大脑结构及功能很有兴趣。建议你邀请爸爸妈妈一起阅读相关儿童百科类书籍，学习更多关于大脑的知识。

语言脑 学术脑　艺术脑 创造脑

左　　右

逻辑

图画

HELLO

语言

音乐

5124

数学

想象

胼胝体

推理

分析

情感

创意

33

自我成长屋

　　乐天小队从大脑的神奇旅行中走出来，伍天天若有所思地说："如果我们的左右脑可以做到高效合作，那么我们可以成为全能学霸吗？"文乐乐难得正经地思考起来，他说："左脑擅长一部分，右脑擅长一部分，强强联合自然天下无敌！"

　　妙妙笑着说："人类的大脑有无限的潜能，并且可以通过练习开发大脑的潜能。让我们一起来看看吧！"

　　1.多用左肢体活动。如尝试用左手写字、刷牙等，用左脚踢球、踢毽子等，以激活右半脑的能量，使右半脑得到锻炼和运用。

　　2.阅读提升智能。阅读是全脑活动，每读一个字就会激发相关的字，阅读可以提升创造力和想象力。建议在需要获取信息的时候选择默读，在分析或记忆信息时选择朗读，这会让记忆更深刻。

　　3.冥想。简单而言，冥想是一种心理技巧，需要我们静静坐好，清空自己的杂念，把注意力放在自己的呼吸上，每天坚持15分钟左右。冥想可以改善记忆力和注意力，提升创造力。

"观察"知多少

　　走出大脑的"内部世界"，乐天小队明白了大脑是人体的指挥部，是一切思维活动的基础。妙妙带着乐天小队来到了第二关"'观察'知多少"。钱小易说："观察还需要学习吗？我只要有一双明亮的大眼睛，就可以观察一切。"文乐乐和伍天天站在一旁频频点头，附和起来。妙妙说："观察的学问可不简单，让我们继续前进吧！"

奇妙新视界

法布尔是法国著名的昆虫学家、动物行为学家、作家，被世人称为"昆虫界的荷马""昆虫界的维吉尔"。

他为了研究昆虫，花费了一生的时间如醉如痴地观察昆虫的习性。一天，他趴在地上，看到蚂蚁在抢搬苍蝇，便手握着放大镜，蹲在地上目不转睛地观看这场蚂蚁王国争夺食物的"大会战"。三四个小时不知不觉地过去了，他仍然一动不动地蹲在那里，以致周围挤满了人。有人还骂他是个"怪人"，可他全然不知。

还有一天，大清早他在路上散步，忽然听见蛐蛐的叫声，于是他循着声音来到一块石头旁，轻轻地躺下，观察蛐蛐的活动。几个农夫早晨去摘葡萄就看见了法布尔，到黄昏收工时，他们看见法布尔还躺在那里呢。他们实在不明白，这个人怎么花了一天的工夫，只看一块石头，简直是中了邪。其实他们不知道，法布尔在观察石头旁的蛐蛐呢。

正是由于这种"着魔"一样的观察，法布尔创作了《昆虫记》，通过200多篇妙趣横生的昆虫故事，展现出一个千姿百态、五光十色、奥秘无穷的昆虫世界。

|时光穿梭机|

　　周三上午的语文课，老师面带微笑地走上讲台："同学们，现在是夏初时节，一年之中非常美好的季节。今天，我们要走出教室，一起用心观察校园的一草一木；回教室后，请每位同学说一说你看到了什么，感受到了什么。"

　　20分钟之后，同学们回到教室，每个人都跃跃欲试，想分享自己的所见所想。伍天天说："我看到了学校的松树，在我的印象中，松树的树叶四季常青。当走近了，我才发现：有一些刚刚长出来的浅绿色嫩叶，它们摸起来有一些软；有一些深绿色的叶子，它们的顶端就像钢针一样，摸一下就让我忍不住把手缩回去；还有一些已经枯黄的叶子，用手轻轻一碰，它们就落在了地上。原来这才是真实的松树，它们在悄悄地生长。"老师回应他说："通过观察，你了解了松树的生长情况。"

　　文乐乐说："我在操场的菜地旁看到一群小蚂蚁在搬树叶，树叶的面积是蚂蚁身体的十几倍。最初只有3只小蚂蚁在搬，虽然有些吃力，但是它们一直在坚持。过了一会儿，又来了3只小蚂蚁，他们一起把树叶搬回了家。我想给小蚂蚁们一个赞，它们太厉害了。"

　　老师听完同学们的分享，欣慰地说："谢谢同学们，你们的细致观察和准确描述让我们再次领略了校园的风景。观察，是我们认识世界的第一步，是思考和表达的前提，希望同学们在生活和学习中多多观察，争取成为观察小达人。"

能量补给站

观察,就是仔细察看客观事物和各种现象。要远"观"近"察",事事留心,时时注意,并养成一种习惯。对于事物,要善于从不同的角度来观察,要观察事物的各个方面、各种特性,然后再观察它们之间的联系,从而对事物有一个全面的认识。当然,观察是有方法的。

1

全面观察和重点观察

根据观察的目的,确定观察的重点。比如,我们在做选择题的时候,一般是先对题干全面观察,再去选项中重点观察,最后选择正确答案。

2

对比观察

进行对比观察,有利于迅速抓住事物的共性和个性。比如我们在进行物品分类的时候就要注意到同一类物品的共性。

3

重复观察和长期观察

很多现象出现得非常迅速,稍纵即逝,因此我们需要进行重复观察和长期观察。比如观察动植物的生长过程。

4

整体观察和部分观察

比如观察一只闹钟,可先整体观察它的大概形状,然后再去对它的颜色、指针、数字的样式和内部结构等进行部分观察。

自我成长屋

　　乐天小队正在一起分享自己的观察经历，他们都感觉自己是观察小能手。钱小易说："有一次，我和妈妈玩'大家来找碴'的游戏，妈妈还没完成任务，我已经完成了。"文乐乐美滋滋地说："我上次写的观察日记被评为范文，在班内宣读。"伍天天说："你们先别嘚瑟了，我在想有没有提升观察力的训练方法，它可以让我们变得更厉害。我们请教一下无所不知的妙妙吧。"妙妙笑着说："观察力是可以通过刻意练习得到提升的，下面的活动你们可以邀请小伙伴或者爸爸妈妈一起来挑战。"

1.找一找

　　找出下面两幅画的不同之处。

2.看一看

看一个物体，例如一只恐龙玩具，观察一分钟，然后闭上眼睛说出恐龙玩具的形状、颜色、头部、四肢、尾巴是什么样子，直到把玩具的各个部分与特征都记住了并且能详细说出为止。我们可以在选择物体时从简单到复杂，逐步加深；也可以和同伴、爸妈进行一场比赛。

3.走一走

当走在街道、公园或者旅游景点时，我们可以选择合适的时机用心观察周围的风景、人物、物品等，然后迅速地说出来，最后再进行对照、补充，比一比谁记得更详细、更准确。

③ 改变世界的想象力

当阅读《汤姆·索亚历险记》时，我们会随着主人公一起感受恶作剧的快乐；当看到"长征五号"升空时，我们也会想象自己在太空中遇上外星人的各种神奇经历……这些都源于我们的想象。今天，文乐乐、钱小易和伍天天就来到了一个无奇不有、脑洞大开、充满欢乐的想象世界。

人们都说，世界上有三个神奇的"苹果"改变了世界，它们不是那些挂在树上、吃在嘴里的苹果，而是"夏娃的苹果""牛顿的苹果"和"乔布斯的苹果"。

奇妙新视界

　　说起乔布斯的"苹果",很多人赞不绝口。这是因为在初代苹果手机发布以前,我们生活中的手机都是满满的键盘,我们如果想打开某一个程序,就需要"上下左右"键联合其他功能键一起操作,有时候赶上某一个数字键失灵了,那种情况简直让人"心塞"。当苹果手机问世之后,人们才发现直接用手指就可以精准操作手机。重要的是,它改变了人与人、人与物之间的互动方式,更改变了人们的生活。

改变一:人人都是"拍照狂"

　　虽然拍照功能出现在手机上不是苹果手机发明的,但苹果手机却真正将互联网、应用和拍照三大元素完美整合在了一起。不信,你可以看看自己的手机,有多少照片就有多少值得纪念的回忆。

改变二:出门可以不带现金

　　随着手机的更新迭代,移动支付的生活方式深入人心。因此,现在的我们可能很少见过现金的样子了,更多的是通过各种应用程序完成手机支付。

改变三:"触控"遍地开花

　　我们的家中一定有不少通过触屏就可以操作的电子设备或家用电器:小到电子书、台灯、平板电脑,大到冰箱、洗衣机和电视。这些都源自"苹果"引领的触控屏幕设计。

　　乔布斯的"苹果"带来的改变远不止这些,而改变的背后其实是其科研团队的大胆想象和敢于革新。因为想象,我们才有动力尝试更多可能;因为想象,我们才能看到更多的不同;因为想象,人与人之间的情感联结更为顺畅与紧密。

｜能量补给站｜

想象力是我们在已有形象的基础上，在头脑中创造新形象的能力。瑞士儿童心理学家皮亚杰曾这样评价想象力：儿童幻想与想象力的游戏对他们的认知发展是必不可少的。这就是说，想象力和我们知道的记忆力、注意力一样，都是不断发展的认知能力，同样也是在小学阶段需要培养的关键能力之一。

在小学阶段，我们的想象力会怎样发展呢？

你还记得幼儿时自己在图画本上的创作吗？一定是天马行空，充满幻想，那时的想象往往完全脱离现实生活，一幅画中可能会出现很多完全没有关系的内容。但是到了小学阶段，在创作的想象作品中，想象的内容会紧紧围绕一个主题展开，主次分明，详略得当。上了小学，学过的知识会让我们的想象更贴近生活，想象的内容不仅更富有创造性，还可能帮助我们解决生活中的问题呢！

 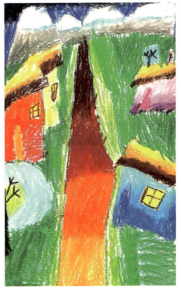

自我成长屋

　　我们该如何培养自己的想象力呢？毕竟现在哪个学科对想象力的要求都不低。为了能在日常生活中进行练习，并且真的能够帮助自己学习，乐天小队带着这个问题，来到了关卡处妙妙的地盘，希望能够从妙妙那里获得一些思路。

　　此时，妙妙已经等候多时了。它告诉乐天小队，小学阶段提升想象能力的重要方法是"绘画"与"表达"，然后为他们提供了两个经典的练习。让我们一起来做做吧！

画一画

　　苹果到底什么样？请你大胆运用想象，画一画自己心中的苹果。

编一编

　　这里为你准备了一个奇妙的故事开头，请你按照自己的想象续编接下来会发生什么：

　　遥远的星球上住着"那尼托"一家，它们的眼睛长在脑门上，耳朵也像被压扁的松糕。每天它们都很高兴，在属于自己的家园中跳来跳去。有一天，天空中出现了一个亮闪闪的、红色的苹果……

　　你头脑中的"那尼托"是什么样子的呢？请你和同伴、家人一起续编接下来的故事吧！

4 打开注意力"聚光灯"

　　我们的大脑中有一片区域和注意力密切相关，它就是额叶区。研究表明，额叶区的发育会一直持续到青春期，这就是说，从小学到初中，我们控制注意力的能力会越来越强，注意力集中的时间也会越来越长。当然，这不仅和年龄有关，还与注意力练习的方法有关。这不，文乐乐、钱小易和伍天天马上就要运用自己的注意力开始"寻找小猫咪"的行动啦！

奇妙新视界

在"奇思妙想"博物馆建馆初期，值守夜班的老爷爷在夜晚降临后总是一个人守着这静寂无声、空荡荡的博物馆。为了晚上不太寂寞，老爷爷决定养一只小猫。有小猫的陪伴，老爷爷晚上守护博物馆时不再寂寞了，干劲儿更足了。这只小猫可不是一只好吃懒做、只顾睡觉的猫，一到晚上，它就像是博物馆的安保人员一样四处"巡视"，还到处安家，每次都让老爷爷一通好找。有时候热心的参观者也会和老爷爷一起寻找猫咪。

现在，"寻找小猫咪"被博物馆设计成了一个挑战游戏，并成为博物馆最受欢迎的项目之一。这次，请你来挑战吧。在下面的四幅图中，猫咪到底在哪里？

|时光穿梭机|

　　国庆节假期中的一天，妈妈告诉文乐乐，他只要上午完成计划好的作业，下午就可以和大姨家的表哥一起体验真人CS（Cosplay of Counter Strike）。这个消息可让文乐乐兴奋得不得了，于是，文乐乐开始写作业。

　　为了不耽误下午出去玩，文乐乐把手机放在一旁，准备随时看时间。大约过了10分钟，表哥发来信息询问准备的情况，文乐乐才知道，这次出去要带的东西还不少。爸爸不在家，妈妈忙着洗衣服，只能自己干了，于是他按照表哥提供的清单开始准备。随后，他又开始写作业，写着写着，他感觉自己应该带个保温水壶，于是翻箱倒柜地找，然后又继续写作业。在背英语单词时，他感觉自己可以一边收拾一边背，他好像也听说过，有的"学霸"就是两件事情同时做……就这样，文乐乐一上午总是忙这忙那，他也感觉到，自己静不下心：学习的时候想着准备物品，准备物品的时候又惦记着学习。最后，他感觉特别累，好像每一件事情都没有干好。

｜能量补给站｜

在学习活动中，集中注意力就好比剧院中打开一束"聚光灯"，在这个"聚光灯"的照射下，需要学习的内容会清清楚楚地呈现出来；而注意力水平较低时就好像把所有的灯都打开，或者没有开灯时的样子，注意力没有任何的指向和集中，也就不会看清任何事物。研究表明，小学阶段7～10岁的学生可以连续集中注意力20分钟左右，10～12岁的学生可以保持25分钟左右的有效集中，如果遇到感兴趣的事情，有可能达到40分钟。你可以根据自己所处的年龄段的注意力特点来安排自己的时间和任务。

在学习中，注意力的水平直接关系到我们学习效率的提高和智力的发展，因此，注意力的培养和训练在小学阶段是非常重要的。令人高兴的是，注意力的练习有很多非常有趣的活动，我们可以在学习之余和爸爸妈妈一起做一做，玩一玩。

锦囊1：神奇方格

在一张方形卡片上画上1厘米×1厘米的25个方格，格子内任意填写上阿拉伯数字1～25的数字。出声数完25个数字所用的时间越短，注意力水平越高。当然你也可以从25～1的顺序数一数。它能够帮助你提高自己的注意力水平哟！

19	24	21	5	12
22	11	8	15	6
7	14	1	13	16
3	18	9	20	2
10	23	25	17	4

锦囊2：迷宫游戏

　　小猫咪又跑了！它可真是一只相当聪明并有警惕性的猫，我们只有找到它的路线，才能抓到它。在下图中，你能用多长时间找到小猫咪呢？可以准备一个计时器，为自己记录时间噢。

5 记忆大挑战

　　博物馆探险之旅的最后一关是"记忆大挑战"。看到这个主题，钱小易得意地笑了，他说："有一次，语文老师要求在课堂上背诵课文，提问了三个同学，我背诵得最熟练，老师表扬我了。"文乐乐苦恼地说："我感觉自己的记忆力也不错，但是不知道为什么，背过的知识转眼就忘了，好希望有一本'过目不忘'的秘籍。"伍天天拍了拍文乐乐的肩膀，鼓励地说："没关系，让我们一起继续闯关，去寻找提高记忆力的方法吧。"

奇妙新视界

　　欢迎来到"记忆大挑战"，要想知道提高记忆力的方法，请你先完成下面两个挑战游戏。

游戏一：动物连连看

　　这是一个挑战记忆力的小游戏，你可以邀请小伙伴一起进行。游戏分为挑战者、裁判员两个角色，游戏规则如下。

　　（1）挑战者请看下面的图卡，然后闭上眼睛，迅速说出画有同样动物的两张图卡编号，比如图1和图6是大熊猫，图4和图8是兔子。

　　（2）裁判员根据图片内容进行核实，记录挑战者说出所有相同图片序号的时间和准确性。

　　（3）如果你觉得下面的图卡对于你来说太容易了，可以尝试下一页的升级版哦！

通过游戏一我们会发现，动物数量太多会影响游戏完成的准确性。这是因为我们的记忆常常只能维持一瞬间，例如短暂记住一串数字验证码，这在心理学中称为"短时记忆"。短时记忆的容量是非常有限的，通常为5～9个单位。我们可以通过游戏二来测试。

游戏二：数字写写看

请读一遍下面这组随机数字，然后把它们盖住，尽可能按照顺序写下来。

9　5　6　1　4　8　2

现在再做一次测试，请读一遍下面这组随机数字，然后盖起来，试着按照顺序写出来。

7　1　5　8　3　0　4　6　9　2

|时光穿梭机|

　　语文课上，老师讲解完课文《荷花》后距离下课还有5分钟时间，老师让大家背诵课文中的第二段。文乐乐一遍又一遍地读了起来，他感觉自己差不多背下来了。过了一会儿，老师说："哪位同学想试一下？"文乐乐有些迟疑，但还是举手了。

　　文乐乐："荷花已经开了不少了。荷叶挨挨挤挤的，像一个个碧绿的大圆盘。白荷花在这些大圆盘之间冒出来。冒出来，冒出来……"老师看出了文乐乐的紧张，接着说："背得非常好，完全正确，下面的部分再请一位同学继续背。"

　　伍天天："有的才展开两三片花瓣儿。有的花瓣儿全展开了，露出嫩黄色的小莲蓬。有的还是花骨朵儿，看起来饱胀得马上要破裂似的。"

　　下课了，文乐乐问伍天天："你为什么可以背得这么好呢？我后面的部分都想不起来了。"伍天天说："告诉你一个秘籍。我会先把需要背诵的课文想象成一幅动态的画；然后记住课文中的关键词，比如大圆盘、冒出来、小莲蓬等；接着先背前三句，再背后三句；最后再完整背一遍，自己检查一下。"

　　文乐乐兴奋地说："回家我试试这种方法，如果它好用，我就请你吃冰激凌。"伍天天说："没问题，不过记忆有很多方法，你也可以试试找到最适合自己的方法。"

能量补给站

大脑就像一个漏斗一样,不但有"存储"的功能,也有"遗忘"的特性,因此在考试的时候,我们时常会面对自己已经学过的知识,抓耳挠腮却怎么也想不起来的情况。我们怎么做才能战胜"遗忘"呢?掌握遗忘规律是开展有效复习的好方法。

德国心理学家艾宾浩斯研究发现,遗忘就像学习的"跟屁虫",紧紧跟随在学习之后。他将研究数据绘制成了"艾宾浩斯遗忘曲线",这条曲线告诉我们,学习中的遗忘是有规律的:遗忘的速度很快,并且先快后慢。观察曲线你会发现,学习完知识,在一天后如不抓紧复习,就只剩下原来的25%。因此,复习就是在和遗忘"赛跑",在大脑还没有遗忘之前,我们需要及时复习所学的知识。

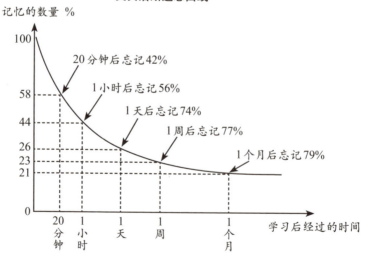

艾宾浩斯遗忘曲线

乐天小队没有找到过目不忘的秘籍，三个人都有一些失望，脚步沉重了许多。妙妙看着他们失望的样子，笑着说："虽然世界上没有过目不忘的秘籍，但是记忆力是可以锻炼的，许多人记忆超群，并非天赋异禀，而是掌握方法并坚持训练的结果。"

1.联想记忆法

利用事物间的联系，通过故事联想的方式进行记忆。

> 请尝试将下面的词汇使用联想记忆法进行记忆，看看谁的联想最生动，记忆效果最好。
>
> 苹果 狗 小刀 铅笔 实验 火车
> 大象 门 手机 玫瑰花

2.对比记忆法

将所要记忆的内容通过对比的方法加以记忆。你也可以参考下面的举例，学习如何区分容易混淆的知识。

> 通过对比区分容易混淆的汉字：燥 操 澡 噪 躁
>
> 用水来洗澡　　伸手来做操　　噪音惹人恼
> 有火能干燥　　脾气暴躁直跺脚

3.卡片记忆法

　　将需要记忆的知识写到卡片上面，和同学、家长等相互提问，检验记忆效果，增加学习趣味性。卡片记忆法尤其适合记忆英语单词、古诗词等。

第三章

打开
思维新世界

神奇的"大脑加工厂"中有
一个隐形的、具有话语权的高级指挥官，
在遇到问题时，它会帮助我们选择最佳方式去
解决，它就是思维。在学习中，我们有时把思维
比作助推器，它时时刻刻影响着我们在学习道路上
的方向和速度。

今天，我们一起寻找思维存在的痕迹。我们会
体验创造性思维的无限乐趣，感受它带给世界
的惊喜，领悟思维触发的成长信念，汇聚
向上生长的力量，走进神秘的逻辑思
维，学会让一切有理
有据……

1 跳出"盒子"来思考

乐天小队迎来了新的探险之旅。妙妙说:"思维改变世界,今天我会陪伴大家打开思维新世界,首先我们要学会跳出'盒子'来思考。"伍天天有些疑惑:"什么是跳出'盒子'?"妙妙说:"我们的思维经常被一些固有的想法限制,因此我们要抛开原有的一些想法,多一些奇思妙想,也就是通常所说的'创造力'。"文乐乐在旁边故弄玄虚地说:"我明白了,这就是'头脑大爆炸'。"乐天小队跟随妙妙一起开始了今天的探险之旅。

奇妙新视界

　　19世纪中叶，英国伦敦的城市道路变得非常拥挤，遇到马车通过，还会造成交通堵塞，这给市民的出行和生活带来了很多不便。为此，政府开始广泛征求改善交通状况的良策。

　　这时候，一个叫查尔斯·皮尔逊的人向政府提出了修建铁路的建议。他认为，改善城市的交通状况必须提高人的流动速度，比如乘坐像火车那样容量大、速度快的交通工具，但是城市里空间有限，在市区里火车肯定不能像马车一样行驶，那该怎么办呢？他陷入了长长的思索中……

　　一次在家做卫生的时候，查尔斯发现墙角有一个老鼠洞，老鼠洞直接通往墙外。查尔斯想：老鼠可真厉害，白天不敢出来，就转向了地下活动。突然，查尔斯想到了火车无法在城市的地面上行驶，可不可以转向地下行驶呢？最后他经过充分考虑和反复论证，认为地下建造铁路是可行的。

1843年，他把自己的建议提交议会，却未能引起重视。10年后，由于种种原因，查尔斯的提议再次被提出，经过长时间的论证，政府最后采纳了查尔斯的建议，开始修建地下铁路。直到1863年，短途的"大都会地铁"终于开通，虽然这段路程只有6000米，但是地铁第一年就运载了近千万名乘客。此后，伦敦地铁因为烧焦炭的蒸汽机车严重污染环境，改用电动机作为地下火车的动力。1890年，伦敦的第一条电气化地铁终于建成通车，人们花上两个便士就能乘地铁到达城内想去的地方。1915年，伦敦的地铁初步形成一个大网络。

　　中国第一条地铁线路始建于1965年7月1日，1969年10月1日建成通车，它使北京成为中国第一个拥有地铁的城市。截至2020年12月31日，中国内地共有44个城市开通运营城市轨道交通。

　　地铁已成为发达城市不可或缺的快捷交通方式，对城市的经济建设和文化发展影响深远。

　　看完《从老鼠到地铁》的故事，妙妙说："很多改变世界的发明都来自生活中的奇思妙想，可见创造力没有我们所想的那么遥远。只要我们多观察、多动脑，并能认真地进行研究，也许下一个发明家就是你。"

能量补给站

创造性思维并不是一蹴而就的。1926年，美国心理学家沃拉斯提出创造性思维有四个阶段。

1. 准备期

即我们由问题引起多方面的联想，经过筛选，抛弃一些对解决问题无用的想法，逐渐明确问题，发现解决问题的头绪。比如查尔斯·皮尔逊看到城市拥堵，想到了可以通过修建城市火车加快人员流动，缓解交通压力。

2. 孕育期

即介于准备期与最后阶段之间的阶段。可能只需几分钟，也可能要几天、几个月，甚至几年。我们在进行创造性思维的时候往往会遇到困难，需要不断地尝试和探索。

3. 明朗期

指我们在头脑中迸发出新的观念、想法的阶段。新的观念、想法也就是我们所说的"灵感"。灵感源自坚持和思考，比如查尔斯·皮尔逊从老鼠洞想到了地下火车。

4. 验证期

灵感产生之后，我们就会对前一阶段产生的想法进一步具体化，并加以应用和检验。比如伦敦第一条地铁的成功修建改变了整个世界。

|自我成长屋|

　　带着对"创造力"的向往，乐天小队来到妙妙身边，寻找更多灵感。妙妙说："创造力来源于生活，我们可以通过一些方法让自己更有创造力。"

　　1.**多角度思考**。请你保持好奇心，试着问自己，如何以不同的方式完成同一件事情。

　　2.**记录"灵感"日记**。在学习和思考的时候，如果"灵感"闪现时，你一定要"跟住"它，简略记下来，或许它会给你带来新的惊喜。

　　3.**尝试进行创意绘画**。你可以选择一个简单的图形，以它为基础进行绘画创造，感受创造性思维带来的乐趣。

　　下图就给出了一个简单图形，以及在这个简单图形基础上创造出来的绘画，请你也在原图形上画一画吧！

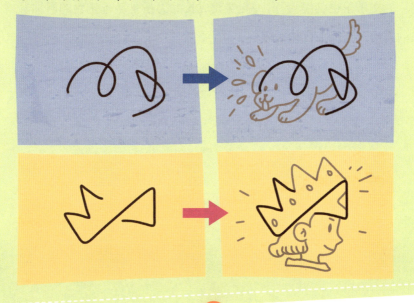

2 成长的力量

在"思维新世界"展厅的第一关，三个小伙伴兴致勃勃地玩了一通，但好像没有尽兴。三个人一路有说有笑来到了第二关，抬头一看，上面写着"成长的力量"。钱小易笑呵呵地说："我成长的力量就是强健的肌肉！"文乐乐也脑洞大开，说："我成长的力量是从不挑食的习惯。""成长的力量"真正来自什么呢？

奇妙新视界

20世纪20年代，南京中山路两侧种下了约2万棵从法国引进的梧桐树。刚刚种下的时候，有一棵树与周围的树略显不同：它的枝丫细小，树干弯弯曲曲，树叶也稀稀松松。行人从这里经过时，不免感叹："这棵树怎么长成这样？""它活不了多久。"……

你如果是这棵小树的养护人，会怎样看待它的成长呢？读读下面的想法，你可以在认同的想法后面做一个标记。

小树一定可以继续成长，但总会比旁边的树小一些。（　）

与其他树相比，小树在成长过程中也许会更容易受到外界的伤害。（　）

小树虽然种下时是这样的，但长大后会枝繁叶茂，树叶成荫。（　）

你如果就是这棵小树，那么希望自己的养护人用哪一种想法看待自己呢？

时光穿梭机

一直以来，伍天天都有些害怕学习语文，自己本来就不太爱表达，偏偏语文学科是一个对表达能力有极高要求的学科，因此每一次写作练习，伍天天都"压力山大"。在一次写作"每周小练"下发之后，看到满篇都是红色的修改批注，伍天天心里郁闷极了。

放学时，妈妈看见伍天天情绪有些低落。在了解了原因之后，妈妈对伍天天说了几句话，使她对自己的语文学习有了重新的思考，也更有信心了。

能量补给站

按照生命发展的规律，每一个人都会成长，但成长仅限于身体上的日趋高大和智力上的提升吗？其实，成长还体现在思维方式上。

美国心理学家卡罗尔·德韦克提出了"成长型思维"。研究表明，当拥有成长型思维后，我们会更坚毅，更愿意主动寻找资源帮助自己，更享受学习过程中的乐趣，遇到困难后的复原力也更强。

成长型思维表现在哪些方面呢？让我们一起来看一看！

在认识自我方面，具有成长型思维的人认为"能力"不是与生俱来的，而是可以"练习、学会"的；他们也认为，寻找合适的方法并努力钻研，就会有收获；同时，他们总是用更高的标准来要求自己。

在看待外部环境方面，成长型思维的人用积极的心态迎接"挑战"；他们面对阻碍不轻易放弃，总是寻找其他办法；他们看到他人成功也会愿意从中学习、借鉴经验。

我们可以看到，具有成长型思维的人在思考和行动上都紧紧围绕着"我可以改变""我愿意改变""我尝试改变"。

|自我成长屋|

带着满满的收获，文乐乐、钱小易和伍天天在关卡处找到了机器人妙妙，妙妙向他们提出了一个问题："现在你们知道怎样才能拥有成长型思维了吗？"三个人顿时懵了。

妙妙笑了，在屏幕前亮出一张思维觉察卡，并且提示三个人："获得成长型思维可不像吃饭那么简单，我们首先需要对自己的想法产生好奇，然后观察它们是否是成长型思维。如果不是，我们要思考如何改变自己的想法。大家可以尝试练习一下。"

思维觉察卡

1.事件

在数学学习中，我总是出现马虎、不仔细的情况。

2.思维（看待自己的想法）

(1) 我觉得自己就是不细致的人，改变不了。（是/否）

(2) 可能是我检查的方法有问题，我再问问别人。（是/否）

(3) _____（　）

这一关对乐天小队中的每一个人来说都没有第一关那么欢乐，但每个人都对自己看待自己的方式和别人看待自己的方式有了更深入的发现。

只要多点时间练习，口算的用时总会慢慢变少的。

没关系，我再试试其他办法。

我看看他们是如何做到的。

我可以学会用线条画丰富的画面。

只要找对方法，努力钻研，阅读总会过关的。

现在每分钟速度是60，我还可以试试70吧！

"逻辑高手"养成记

在"思维的新世界"里，还有一种能力必须要提到，那就是逻辑思维。当我们具备这种思维时，我们在数学、写作、演讲方面将会所向披靡。我们会像侦探一样，对发生的事情进行缜密分析，再困难的事情也会迎刃而解。现在我们就跟随乐天小队一同去体验逻辑思维的养成。

奇妙新视界

　　阿凡提是维吾尔族人民智慧的化身。他聪明、机智，用自己的分析能力帮助乡亲们解决了很多问题，化解了很多危机。

　　有一次，阿凡提和国王一起出游。国王早就听说他很聪明，但还没有亲眼见识过，于是就想借这次机会考一下他。当他们路过一条河流时，国王心生一计。

　　他把阿凡提叫到身边来，问道："阿凡提，老百姓都说你聪明，我现在遇到了难题，你来帮我解决一下。我想把眼前这条河的水都带走，去灌溉田地，你说这河里的水有多少，我需要准备多少木桶？"

　　阿凡提知道国王有意为难他，于是假意思考了片刻，然后不紧不慢地说："那要看您准备多大的木桶了。如果木桶和这条河一样大，那就有一桶水；如果木桶有这条河一半大的话，那就有两桶水；如果那桶有这条河十分之一大的话，那就有10桶水；如果……"

　　国王听到这里，暗自感叹："好'狡猾'的阿凡提！"于是，国王赶紧说道："不要说了，阿凡提，我知道了。"

　　阿凡提用到的就是自己的逻辑思维能力。他知道，国王是故意用一个根本不可能准确回答的问题来为难自己，因此自己也不能照常理来精准说出这条河有多少水。于是，他的回答是先抛出一个条件，然后才是相应的结论，如果条件成立的话，那么结论一定是成立的。这样的回答，国王听了也无法反驳他，因为国王自己也不能保证条件是否成立。

时光穿梭机

上了三年级以后，文乐乐发现，很多学科学习的内容比以前多了：数学开始学习"包含""编号"等知识了；写作文时，要求前后文联系更紧密了；自己在做课外题时，也发现了一些有意思的内容，比如"错中求解"等。在一次和爸爸的聊天中，乐乐得知，现在的知识已经开始涉及"逻辑"了，乐乐感觉这个词既有点高深，又有点有趣。

有一次，乐乐在数学活动中遇到了一个有意思的题目：在新年联欢会前，同学们决定用丝带将红、橙、黄、绿、蓝、紫6种颜色的气球按颜色顺序一组一组连接起来，将教室四周挂满气球。请问第52个气球是什么颜色，第123个气球又是什么颜色？

爸爸看到这道题后，决定从第一个开始数，一直数到第52个或第123个，用了不少时间！但乐乐可不这样想，他将6种颜色的气球看成一组，然后分别看看52和123各包含几组，多余的就按照这个顺序数一下就好了。乐乐列了两个算式，52÷6=8…4，第52个就是绿色，123÷6=20…3，第123个就是黄色；而一旁的爸爸，真的正在一个一个地数。乐乐感觉自己的方法真是又快又准，比爸爸强太多了。

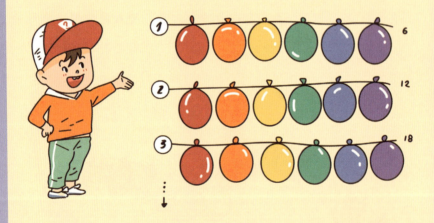

爸爸看到乐乐的解题思路后，也连连感叹："你的推理能力真是直线上升啊，我们家多了一个善于逻辑分析的聪明人啊！"

能量补给站

逻辑思维，听起来有点晦涩难懂，但在小学阶段的我们，就已经开始具有逻辑思维能力，只是它呈现的形式和内容是由具体事物向抽象事物逐步过渡的。下面我们通过具体的事例，一起了解"藏"在身边的逻辑思维。

1.写作中的逻辑思维

在小学三年级下册的课文《燕子》中，作者从燕子的外形、燕子为春光增添生机、燕子的飞行、燕子的停歇四个方面来描写燕子。这是逻辑思维中的分类比较。这也给我们的写作提供了借鉴：写作要按照一定的逻辑顺序去写，而不是毫无章法、四处开花。

2.数学学习中的逻辑思维

在小学学习中，培养逻辑思维能力以数学学科为主，用"数学处处有逻辑"来形容一点都不为过。比如我们在学习"正方形"时，通过涂一涂、围一围、找一找逐渐感知正方形，进而总结出正方形的特征。这是逻辑思维中的概括抽象。

请找出图中的正方形。

自我成长屋

看完这些，文乐乐、钱小易和伍天天觉得逻辑思维太有意思了。妙妙也提醒乐天小队的小伙伴们：逻辑思维练习不能仅仅停留在书本上，也要放在具体的生活实践中进行。研究表明，6～11岁是培养逻辑思维能力的关键时期，这一时期多加练习，我们的逻辑思维能力就会与日俱增！

生活处处有逻辑

小挑战

文乐乐和伍天天来到钱小易家里做客，钱小易想给两位好朋友冲杯水果茶。洗茶壶用1分钟，洗茶杯用2分钟，取茶果用1分钟，烧水用3分钟。钱小易最快要用几分钟能让小伙伴喝上茶？

第四章

寻找
"永动机"

当我们奔跑在学习之路上，
每个人都希望自己拥有一台"永动机"，
可以一直前进，不知疲倦。我们会发现，同样
是学习，有些同学乐在其中，有些同学叫苦连天，
是什么让我们如此不同？我们如何让自己充满学习
的能量，我们如何自我激励，如何做到"天动地动
唯我不动"呢？
今天，我们就一起寻找让学习这辆"汽车"保
持前进的动力，去发现"自我加油站"
的奥秘，去探寻保持内心平静
的"定心丸"……

1 永不消逝的动力

学习的过程就像一辆汽车正在行驶，如果想让汽车保持行进，就需要中途进行"加油"或"充电"，这样汽车才能拥有满满的动力，载着我们到达想去的地方。学习中，我们如何让"汽车"在前行时保持强劲动力呢？乐天小队的三个小伙伴，今天就要开始新的探索啦！

奇妙新视界

在展厅的中央，三辆不同颜色的仿真小汽车摆放在那里。这可不是摆设，而是具有高科技含量、采用全息投影技术的汽车。当驾驶人员开动汽车时，他面前就会出现不同的道路影像，以此来模拟驾驶汽车的过程。有意思的是，在驾驶中会有三个问题等待体验者来回答，回答不同，最终显示的结束画面也会不同。文乐乐、钱小易、伍天天兴奋极了，没想到博物馆里还有这么刺激的游戏，他们选好各自喜欢的汽车玩了起来。

01

如果让你参加一项汽车越野赛，你会怎样准备？

A.提前通过资料熟悉路线，或者实地驾驶练习一下。

B.等待教练通知再开始熟悉。

02

如果在练习中遇到总也开不好的路段，你会如何做？

A.反复练习，直到练会为止。

B.教练要求练习就练习，不要求就不练了。

03

为了安全驾驶，你会在开车前做哪些事情？

A.全面地检查车辆，加好燃油，等待出发。

B.不用检查，等汽车没油了再加油。

钱小易平时喜欢凡事有所准备。因此，他选择了提前一周练习驾驶1～2次。如果遇到问题，他会反复琢磨，在正式开始前，也会做好全面检查车辆、加好燃油等准备。当体验结束时，全息投影的画面中出现了这样一句话："你的汽车动力十足，请放心驾驶，它一定会带你到达想去的地方。"而文乐乐的结束画面则显示："你的汽车在驾驶过程中可能会出现动力不足等故障，请提前做好准备。"

如果参加这个体验活动的人是你，你会选择怎样回答问题呢？等待你的画面结束语又会是什么呢？

|时光穿梭机|

　　三年级时，钱小易参加了学校的"数独乐园"小社团。以前只是简单玩玩，这一次跟着学校老师系统学习，他才发现数独里的学问挺大的，对自己也很有挑战。社团里很多同学，二年级时都已经学习过一年，每次做竞赛练习时，他们做得又快又准确。这种情况一度让钱小易感觉自己真是太逊了，因此他开始在心里打"退堂鼓"。

　　不过，他还是想试一试。钱小易想：虽然妈妈说过，任何一种学习都不只是和别人比较，更是为了自己，但自己太想获得老师的"梦想花"了。于是他主动跟妈妈提出，要在每天放学后拿出一点时间单独练习，争取早点赶上同学，得到老师奖励的"梦想花"。

　　为了让自己的数独完成得又快又准，在课下练习时，钱小易总是先重新温习一遍老师在社团中讲到的方法；然后做一做经典的练习题；确定自己确实理解和掌握了老师教的方法后，再做课外练习……就这样，钱小易每周都尽可能保证有四天的"补短"练习，大概坚持了半个学期，很多没做过的练习都尝试了一遍，正在学习的三年级数独技巧也都掌握了。慢慢地，钱小易在数独课上得到的"梦想花"渐渐多了起来，他心里美滋滋的，也更有信心学好数独了。

能量补给站

学习的"永动机"其实就是我们的学习动力，它在我们的学习中非常重要。如果我们的学习有动力，就好像汽车自带充足的燃料，即便是盘山的道路，也会始终前行。一般来说，根据动力的来源，学习的动力分为内部动力和外部动力。

内部动力是发自内心的学习愿望和需求，是"我要学"的力量。学习让自己感觉收获了知识，实现了自己的目标，感受到成就感。

外部动力是外界因素对学习者的吸引力，是"要我学"的力量。在学习中会有"为了获得更好的成绩""为了得到父母的奖励"等想法。

在小学的学习中，外部动力始终占主导地位。随着自我意识的发展，我们会逐渐理解学习的意义和价值，学习动力也会逐渐向内部动力转化。

外部动力

老师奖励的梦想花。

向同学展示自己的优秀。

内部动力

我想把数独做得又快又准确。

自我成长屋

激发学习动力是一个复杂的事情，不仅仅和自己的想法有关，还与爸爸妈妈、老师的陪伴和指导有关。从长远看，我们要从自身角度出发，让自己有更多的方法和技巧，拥有更多的内部动力。

对此，机器人妙妙给出了一个人人适用的建议，那就是"找到自己的兴趣"。俗话说得好，兴趣是最好的老师！当我们对一件事情产生兴趣的时候，我们就会乐此不疲，甚至爱屋及乌！比如我们都知道的法布尔，他小时候就喜欢观察昆虫，进而不断学习和写作，最终成为著名的文学家和博物学家。

请你也试一试，找出自己感兴趣的事情，并和身边最睿智、最值得信任的人探讨一下，看看这项兴趣可以怎样促进自己的学习和成长。

2 学习加油站

学习的过程，就像游戏闯关一样，有时也会遇到拦路虎，比如没有思路的数学题，明明背过却想不起来的单词，还有不理想的考试成绩，它们或许会让我们情绪低落，甚至是自我怀疑。这时候，我们就需要启动自己的秘密"加油站"，通过自我激励找回学习的信心和动力。

在电影《功夫熊猫》中，阿宝要和师傅对战，他问自己："我可以吗？"师傅也会问他："你可以吗？"在生活中，我们有时候会用肯定句鼓励自己，比如"加油，你一定可以的！"但是研究发现，疑问句比肯定句具有更好的激励效果。

奇妙新视界

2010年，美国《心理科学》期刊上报告了一个实验。在实验中，研究者要求参与的同学完成一个"易位构词"的任务，在10分钟内完成10道题目。所谓易位构词，就是调整单词的字母顺序拼成新词，比如"earth"变成"heart"。在任务开始前，实验者要求一组同学想的是疑问句"我可以完成吗？"要求另一组同学想的是肯定句"我可以完成"。

结果发现，疑问句组的同学平均完成了2.6道题，肯定句组的同学平均只完成了1.84道题。

研究结果说明，当我们问自己"我可以吗？"的时候，我们心中都期待着一个肯定的答案，这种期待可以转化为我们努力的动力。

时光穿梭机

数学课上，老师要求同学们完成课本中"做一做"环节的"列竖式计算"。文乐乐心想："这么简单的题目，我一定要第一个完成。"文乐乐用很快的速度做完了，对于老师的检查提醒，他没有放在心上。

老师带着大家一起核对答案时，文乐乐才发现自己做错了3道题目。老师说："有些同学只追求做题速度，准确率却不高，下次一定要注意了。"文乐乐心想："我为什么每次都错这么多呢，是不是学不好数学了？"

放学回到家，文乐乐把数学课上发生的事情告诉了妈妈。妈妈问："你是不是有些怀疑自己了？"文乐乐看着妈妈说："我平常做题会错，考试也会错，感觉一直在错。"

妈妈笑着对乐乐说："我好像看到了你和自己进行对话，'内在的你'在否定自己。有时候，不同的'内在对话'会带来不同的感受。你如果能练习让'内在的你'对自己进行肯定和鼓励，就能帮助自己以更好的状态面对挑战哦。"

听了妈妈的话，文乐乐开始做对话练习。做完对话练习，他笑着说："确实不一般，这让我知道了下一次该怎么做。"妈妈说："这是妈妈的秘密'加油站'哦。现在你也知道了，以后可以经常使用，它可以让你充满力量。"

我做题速度太快，有些马虎了，下次我一定认真检查，一定可以做对。

⟲ |能量补给站|

自我激励是我们通过对自己的鼓励，能够帮助自己产生和维持动力，充满动力地去做一件事情。自我激励，不是简单地对自己说"加油，我可以"，而是需要在不断的尝试中，找到最适合自己的方法。

六个影响自我激励作用的因素

1.**个人的兴趣或需要**：这项活动越符合自己的兴趣或需要，实现的结果越让自己感觉快乐，我们越容易自我激励，持续做下去。

2.**目标设置**：相对于追求外在表现，追求掌握知识更容易激发内在动力。

3.**任务特征**：学习任务越具体，自己越可以感受到它的重要性，越容易激发"斗志"。

4.**建立自信**：自己对做好某件事情越有信心，就越可以自我超越，持续付出努力。

5.**社会支持**：在自己遇到困难的时候，爸爸妈妈或者朋友的支持和肯定，可以为我们增加"能量"。

6.**外在反馈**：完成任务后给自己的一个奖励，或者爸爸妈妈的肯定，可以让我们更有动力。

|自我成长屋|

乐天小队都认为，自我激励虽然不是一件容易的事情，却是一件很重要的事情，因为大家都希望自己的学习多一些乐趣，多一些能量。妙妙说："别担心，我们可以通过练习学会自我激励，一起来试一下吧！"

首先，选择一个自己想要自我激励的领域（比如学好英语、做好数学题等），然后依次按照问题的指引，用答案填满自己的"加油桶"，让自己充满能量，坚持下去。

1 想象一下，如果完成任务，你的心情会如何。

2 为自己设置一个可实现的目标，它是什么？

3 为了完成目标，学习任务是什么？任务要具体，有一定的挑战性。

4 哪些事情可以为你带来做这件事的信心？

5 谁可以为你提供支持，你需要哪些支持？

6 完成任务后，你给自己什么奖励，或者你希望谁给你反馈？

学习的"加油桶"

 意志大考验

　　当我们拿起书本时，内心的世界不一定都是平静祥和的，外面总有一些具有诱惑力的事物在吸引我们，也许是心心念念的动画片，也许是心有不舍的玩具箱，也许是拿起来放不下的手机、平板……学习的进程会戛然终止，自己的思路也被彻底打断。面对这样的时刻，我们要怎么做呢？带着这个问题，乐天小队开启了"意志大考验"展厅的游览。

奇妙新视界

　　今天的展厅里，屏幕上有一个引人深思的故事。一群人肩上扛着沉甸甸的梯子，正在缓慢朝前走，十分吃力。其中一个人忽然停了下来，他想："这个梯子太沉了，不如截去一块吧。"于是，他真的把梯子锯掉一截，然后继续往前走。一次又一次把梯子锯短，这个人越走越轻松，他一边哼着小曲，一边沾沾自喜："他们真是够傻的！"正当他嘲笑他人的时候，眼前出现的场景让他震惊了：原来，前方的路已经不是一马平川，而是沟壑遍地。刚才落在后面的人陆陆续续地赶上来了。他们用自己背负的梯子搭在沟壑上，做成"桥"，毫不费力地就跨了过去。而这个人只能看着其他人渐渐远去的背影，垂头丧气地停在原地，追悔莫及！

🌀 | 能量补给站 |

英国牛津大学曾做过一项10年的意志追踪调查。实验对象是500名考核成绩优秀的牛津大学毕业生。10年后的调查发现，大约有175名毕业生在事业中成绩斐然，成为各自领域的佼佼者；而大部分人则默默无闻，成绩平平。通过进一步研究发现，产生这种差别的原因就在于那175人具有较强的意志品质，他们对自己的事业有执着的追求，面对困难从没想过放弃，想尽办法解决问题。就这样，在一次次的坚持中，他们成了别人眼中的引领者，也活成了自己想要的样子。最终，牛津大学得出结论：人与人之间的差别不在于智力高低，而在于意志力强弱。

这证明了，一个人想要成功，坚强的意志尤为重要。我们周围那些优秀的人，只是在对的路上一直努力着，从不放弃。

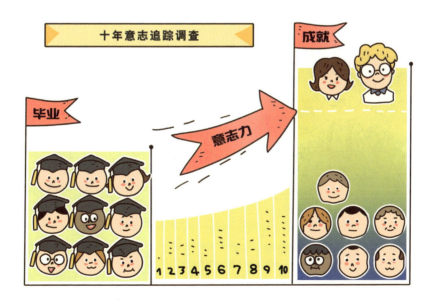

自我成长屋

文乐乐和钱小易很佩服伍天天，原来眼前的这个小伙伴具有这么强的学习意志力，不过，自己做得也不错。于是，他们开始聊起了自己用得好的方法。

我再做10分钟。

文乐乐：当遇到自己不愿意继续做的事情时，我告诉自己"我再做10分钟"。有时候，10分钟内自己的心态已经发生变化。

清理桌面

设计竞赛

钱小易：每次写作业之前，我会把书桌整理干净，将准备写的作业摆放整齐，排除一切可能的干扰。

伍天天：学习上如果担心自己坚持不下去，我会进行"自我竞赛"，同时还可以和同学约定"同伴竞赛"，彼此激励。

第五章

**学习
也有流水线**

学习历程就好像是一条复杂无

比、神秘感十足的"流水线"，大脑是保证

"学习流水线"正常运转的基础。在这条看不见、

摸不着的隐形流水线中，每一个环节的"操作方法"

和"专注程度"都会影响"学习产品"的质量和产量。

如何保证"学习流水线"高效优质地制造"学习产品"，

是我们一直探讨的话题。

这一次，让我们一起去感受预习带来的小惊喜；一起

去发现"问"的奥秘，捕捉不同的提问带给我们的

不同收获；一起去寻找神奇的复习宝典，感

受知识的完整和美好；一起去学会阅

读，享受阅读的奇妙时光。

预习到底有什么

不知不觉，博物馆探险已经进入了第五天，乐天小队准时集合完毕，开启了今天的探险之旅。妙妙有些神秘地对大家说："今天我们要去'学习流水线'探秘，去看看'学霸'是如何学习的。"钱小易说："我参观过果汁生产流水线，每一个环节完成一项任务，难道学习也有流水线吗？"妙妙回答："当然有啊，学习的每个环节也有相应的任务，当我们养成了按时完成任务的习惯，学习的效率自然就会提高。"听到妙妙的话，乐天小队充满了期待，有谁不想成为人人羡慕的"学霸"呢。

奇妙新视界

请你和小伙伴一起做一做下面的游戏。

游戏用具：卡片、秒表、一张纸（用来遮盖书面）

游戏一

（1）请仔细观察下面的卡片，时间为30秒，到时间请立刻遮住。

（2）遮住图片后，请回答字母"A"和"L"的数量。

（3）打开图片，验证答案。

A	V	B	S	D	X	Y	D
H	F	X	Y	S	H	F	D
M	V	P	F	P	L	V	H
S	P	B	J	L	L	P	D
V	U	B	Y	B	F	J	M
L	X	P	X	A	J	S	B
N	M	L	D	H	V	Y	G
T	U	O	L	A	G	T	S

游戏二

（1）本次任务是数出下面图片中字母"A"和"L"的数量，时间为30秒，计时结束请遮住图片。

（2）时间到，请遮住图片。回答字母"A"和"L"的数量。

（3）打开图片，验证答案。

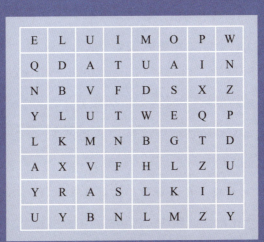

E	L	U	I	M	O	P	W
Q	D	A	T	U	A	I	N
N	B	V	F	D	S	X	Z
Y	L	U	T	W	E	Q	P
L	K	M	N	B	G	T	D
A	X	V	F	H	L	Z	U
Y	R	A	S	L	K	I	L
U	Y	B	N	L	M	Z	Y

　　请你思考：同样是观察图片回答问题，两次游戏的正确率一样吗？为什么？

　　乐天小队一起做完了游戏。文乐乐说："我第一次做游戏时，不知道要找哪个字母，遮住之后，大脑一片空白，根本记不住'A'和'L'有几个；第二次做游戏时做好了准备，知道要找'A'和'L'，直接在图片中寻找，自然就能回答正确。"

　　妙妙说："这个游戏和预习一样：第一次游戏就像没有预习进入课堂，脑子里是空空的，不知道这节课要学习什么内容，也不知道重点是什么；第二次游戏就像预习之后再上课，我们知道这节课的学习内容，也知道学习重点是什么，学习效果自然更好一些。很多时候，人的大脑和身体肌肉的运行道理是一样的。我们在运动之前都会进行热身运动，而预习也一样，它让大脑细胞提前活跃起来，从而提高学习效率。"

|时光穿梭机|

　　语文课上，老师正在讲解课文《纸的发明》，文乐乐在认真听课。

　　在每一段的讲解之前，老师让同学们站起来读课文，每人负责一段。文乐乐磕磕巴巴地读到："人们用蚕……茧制作丝绵时发现，盛放蚕茧的……篾席上，会留下一层……薄片，可用于写书。考古学家发现，在两千多年前的西汉时代，人们已经懂得了用……麻来造纸。但麻纸比较粗糙，不好书写。"终于读完了，文乐乐感觉有一些不好意思。

　　老师温和地对文乐乐说："文乐乐，你下次记得提前预习课文，上课前要把课文通读一遍。"

　　文乐乐点了点头。

　　下课了，文乐乐和伍天天闲聊起来，文乐乐问："你会提前预习吗？每天写作业就需要花费好长时间了，写完作业，我还想玩一会儿，感觉无法安排预习的时间。"伍天天想了想说："预习不需要花费很长时间，我每次都会用5～10分钟预习课文，第二天听课，我就知道该怎么听课了。"文乐乐问："预习不应该花费很长时间吗？读懂读透，就像老师讲过一样。"伍天天说："我一开始尝试过这样，但是感觉第二天听课会走神，感觉自己都会了，没有了听课的动力，反而会错过重点内容的讲解。"

　　文乐乐摸着脑袋，心想："看来，预习的学问还真不少呢，我要认真研究一下。"

能量补给站

　　预习是一种课前自学，是"学习流水线"中非常重要的环节。预习了才知道难点、重点是什么，不懂的地方在哪里，心中有数，听讲才能更主动。根据预习的范围和时间，我们可以把预习分为课前预习、单元预习和学期预习。

1 课前预习，预习下节课所学内容

　　面对新的知识内容，我们在老师讲课前提前学习新内容，为课堂上的学习做好准备。课前预习一般在上课的前一晚进行。

2 单元预习，预习下一单元所学内容

　　对将要学习的一个单元的新知识、新内容进行预习，着重把握本单元知识的重点和难点，建立初步的知识结构，以便于系统、全面地掌握知识内容。

3 学期预习，主要预习新学期所学内容

　　在开学之前或开学之初，抽出一定的时间熟悉新教材，进行系统的独立预习，了解新学期所学内容的知识体系，这样可以减少开学后学习的障碍。

　　不管是哪一种类型的预习，我们都要勤思、多问、多动笔。预习作为一种好的学习习惯，要持之以恒地坚持下去。

|自我成长屋|

钱小易说:"'学习流水线'的第一关竟然这么重要,以前我真的没有重视预习。"文乐乐说:"现在我知道了预习很重要,也知道了预习的三种类型,但是具体怎么预习呢,我还是很困惑。"妙妙走了过来:"别担心,我已经为你们准备好了,就等着你们行动了。"

一读。读课本,了解学习什么。从语文和英语的课文或对话中了解基本内容,从数学的情境图中发现数学信息。

二标。预习语文的时候,给课文标出自然段,标注出自己不认识或者不熟悉的字词,将生字的读音标注在课文上。预习数学时,可以把重要的概念、结论划出来。预习英语时,把新的单词和语句标注出来。重点标注,可以提醒自己在课上重点听讲。

三查。可以利用工具书、资料书查找不认识的字和词。

四问。针对预习中有疑问的部分提出自己的问题,记在笔记本上,带着问题进入第二天的课堂会让我们收获更多。

 "问"的奥秘

在学习中，提问也是一门学问。不同的问题带来的收获是完全不同的。陶行知先生就曾说过："提出正确的问题，往往等于解决了问题的大半。"什么是正确的问题，什么是好的问题呢？在展厅的第二关，我们和乐天小队的三个小伙伴一起探索"问"的奥秘。

奇妙新视界

李四光是我国著名的地质学家，他从小就是一个"问题"不断的学生。有一次，他和小伙伴一起在户外玩捉迷藏的游戏。为了让自己不被朋友找到，他藏到了一块巨大的石头后面。站在大石头的背后，他对这块保护他的石头产生了好奇，心想："它这么大，是从哪里来的？"

带着这个问题，李四光跑去问老师，老师想了想，回答说："这块石头年头可不短了，老师小时候它就在那里了！"

"那是谁把它放在那里的呢？"李四光继续好奇地问。

"之前的老人说，这块石头是从天上掉下来的，叫作陨石。"老师一边回忆一边解答。

"从天上掉下来的石头啊，那么它掉下来的时候为什么没有把地面砸出一个大坑呢？"李四光继续追问着。

只是这次老师也没有答案。关于这些问题，李四光又问了很多人，可是没有人清楚答案到底是什么。

这些问题启发了李四光，让他有了更多的思考。直到他长大以后到英国学习了地质学，才知道冰川可以推动大石头移动几百里甚至上千里。后来，经过李四光的一系列考察和研究，他终于发现，原来儿时的那块大石头是从遥远的秦岭被冰川带到这里来的。同时他发现，我国长江流域有大量第四冰川活动的遗迹。这一研究成果的出现，震惊了全世界。

|时光穿梭机|

　　钱小易是一个对各种"怪兽"都感兴趣的小学生。一次，他和家人一起看《国家宝藏》。当看到故宫太和殿的屋脊上有很多神态各异的怪兽时，他顿时产生了浓厚的好奇心，于是问爸爸："它们都有名字吗？"这可难住了爸爸，因为这方面的知识储备，爸爸一点都没有。不过，看到钱小易这么爱思考，爸爸决定和他一起研究研究这个问题。

　　爸爸和钱小易查阅了网络、书籍等文字与图片资料，也看了一些专题视频。这个问题的答案逐渐浮出水面，并慢慢丰盈起来。

　　这时钱小易才知道，这些"怪兽"叫作脊兽。每一个脊兽都有一个别致的造型和名字，有的是比较好理解的名字，比如龙、凤、狮子、天马、海马；有的就比较难以理解，比如斗牛、狻猊、狎鱼、獬豸、行什等。里面很多字钱小易都不认识，还是和爸爸一起查找的呢！钱小易也知道了，这些脊兽不仅仅是古代建筑的装饰，也具有一定的建筑功能，中国古人对于脊兽还寄予防雷电的希望。此外，钱小易还有一个特别发现：明清时期，不同等级的建筑所安放的脊兽数量和形式都是有要求的，故宫太和殿的10只脊兽，正是它身份的象征。

　　当然，问题带来的思考和行动还没有结束。为了实地看看脊兽，钱小易和爸爸精心策划了一次"故宫半日寻脊兽"的家庭活动；他还读了很多关于脊兽的故事，这些故事真是超级有趣！

能量补给站

心理学研究表明，问题或提出问题是思维活动的开始。在学习过程中，提出问题能够帮助自己培养积极思考习惯，提高学习投入水平，促进思维发展。

问题的种类可以分为三种：

1.事实性问题

它在资料中是已知的，可以直接找到答案。

2.分析性问题

它在学习资料中不会直接找到，要通过对材料进行分析，并找到其中的原因、规律或方法，答案也不是固定的。

3.评论性问题

它可以对学习材料中的主要观点进行论述或者表达个人的学习感受，也可以对材料进行假设、改编或再创造。

我们可以按照事实性问题、分析性问题、评论性问题逐渐深入地探索和提问。

自我成长屋

　　按照问题的分类，研究者帮助我们将提问的方法总结为"六何分析法"，即"5W1H分析法"，"5W1H"是指who（何人）、when（何时）、where（何地）、what（何事）、why（为何）、how（如何），并将"5W1H分析法"结合前面的三个问题种类一起使用。

　　机器人妙妙为乐天小队贴心准备了练习，你也来试试吧。

问题小练习

事实性问题

　　何人（who）：在抗击新冠肺炎的战役中，哪些逆行的英雄保卫了武汉这座城？

　　何时（when）：明朝正式迁都至北京是在哪一年？

　　何地（where）：2022年，北京冬奥会办公地点是哪里？

　　何事（what）：九一八事变发生了什么事情？

分析性问题

　　为何（why）：我们为什么要实行垃圾分类？

　　如何（how）：我们怎样才能做好生活中的垃圾分类？

评论性问题

　　感受：我对网络暴力的观点是什么？

　　如果…那么…：如果南极的冰川融化了，那么世界会发生什么？

3 "复习"让学习实现质的飞跃

学习有一个不能缺少的重要环节，如果少了它，我们学习的知识点就好像一颗颗零散的珍珠，虽然是美丽的，但始终不能成为一串珍贵的项链。复习就是那一根举足轻重的丝线，将知识美好完整地串联出来。

奇妙新视界

丰子恺是我国著名的画家、散文家和翻译家。他一生在学习与个人修养上孜孜不倦地求索，最终在绘画、文学、翻译等方面取得了巨大的成就，为后人带来了宝贵的精神滋养。

丰子恺从小就喜欢读书，并且每次读书后都要反复地温习。据传，他只要读完一个章节就会复习一遍；读完下一个章节，就会复习前一个章节；每次复习时，他都会再次认真阅读。就这样，丰子恺能够把每一本书中的精华和要义准确记忆，并很好地理解。

同样，在学习外语方面，丰子恺也很重视温习。有一个著名的"22遍读书法"就与他有关。据说，丰子恺在学习时，要求自己把每篇课文都读22遍；第一天读第一课10遍；第二天读第二课10遍，第一课5遍；第三天读第三课10遍，读第一课5遍，第二课5遍；第四天读第四课10遍，温习第二、三课各5遍，再读第一课2遍……这样以此类推，每一课分4次读完22遍。通过这样的方法，丰子恺把所学知识清晰地存储在自己的大脑里，抑制了可能出现的遗忘。

时光穿梭机

文乐乐以前最不喜欢的学习任务就是复习了。但一次期末考试前的经历和期末考试的结果，让文乐乐重新认识了复习。

那是在三年级上学期的期末考试前几天，妈妈把文乐乐叫到面前，语重心长地对他说："乐乐，你现在已经上三年级了，知识越来越多，你感觉有什么困难需要妈妈帮助吗？"文乐乐心里已经猜到妈妈会说什么，肯定和复习有关呀，于是马上回应妈妈："不需要不需要，我都会了，没问题啦！"看见文乐乐自信满满的状态，妈妈高兴地说："太好了，那这次考试，妈妈期待你努力之后的收获啊。我这里有一份宝典，送给你，助你一臂之力！"说着，妈妈把一小沓儿资料放在乐乐面前。

文乐乐打开一看，这哪里是什么"宝典"，就是妈妈针对这一学期知识和自己的错题进行的复习汇总。文乐乐本以为自己肯定会做，但做着做着发现，好像自己的确有点飘飘然了，竟然真有不会的题"。

在"宝典"的引导下，文乐乐将这一期重点的、易错的知识进行了全面梳理。经过努力，文乐乐在期末考试中每一科都考得非常出色。同学们都很好奇，文乐乐的秘密武器是什么。文乐乐心里美滋滋的："复习宝典果真助我成功啊！"

能量补给站

还记得艾宾浩斯这个人吗? 他可是心理学界的大咖级人物, 是他发现了著名的"艾宾浩斯遗忘曲线": 遗忘在学习之后立即开始, 而且遗忘的进程并不是均匀的, 遗忘的规律是"先快后慢", 特别是前1个小时的遗忘速度最快。这条曲线告诉我们, 记忆会随着时间的推移慢慢遗忘。想要彻底记住知识, 有什么办法吗? 方法只有一个: 立即复习, 反复复习。

根据遗忘曲线的规律, 我们可以调整复习的频率, 形成"六段复习法", 也就是可以在学习后的20分钟、1小时、2小时、1天、1个月、3个月等6个时间段内进行复习, 特别是1小时以内的两次复习非常重要。否则, 当再次看到已经学过的内容时, 我们就会感觉"未曾谋面"啊!

自我成长屋

　　文乐乐、钱小易和伍天天都觉得艾宾浩斯太伟大了，多少学霸就因为这条曲线诞生啦。不过，复习的时间知道了，复习的方法又有哪些呢？机器人妙妙早就知道他们的困惑了，提前准备好一份《复习宝典》在关卡处等待他们了。

复习宝典

　　第一步：梳理要点。

　　梳理一段时间内的重要知识点，可以通过"思维导图"或"知识晶体"方式呈现，构成一个完整的知识框架。

　　第二步：列举典型。

　　在主要知识点旁列举相应的经典例题或者自己易错的题目，对典型题呈现的知识点进行回忆。

　　第三步：自我出题。

　　围绕重点内容进行自我出题，提升自己的综合应用能力。

　　也许正在阅读的你有更多的复习方法，希望你与伙伴们能一同分享自己的宝典，带着真诚与互助共同成长吧！

4 阅读，让视野更宽广

　　乐天小队跟随妙妙来到了第四关，映入眼帘的是一个超级大的显示器，好多优秀儿童读物的书名在屏幕上滚动。文乐乐指着屏幕兴奋地说："这些我都看过。"喜欢阅读儿童故事、科普图书的伍天天也是满脸兴奋，钱小易则眉头紧锁，一言不发。

奇妙新视界

　　作家莫言嗜好读书，小时候家庭条件不好，他就四处借书看。为了能够看邻居家的一本书，他甚至出力帮邻居家推磨。

　　有一次，莫言的小学老师把《青春之歌》这本书借给他，但是只能借给他一天，不管看不看得完，他第二天必须还书。莫言跑到一个草垛里躲了起来，把放羊的"本职"工作放到一边，羊儿饿得咩咩叫，他读得忘乎所以。就是在这样艰苦的环境中，莫言读遍了周边10多个村庄所能找到的所有书籍。

　　长期的大量阅读、摘抄记录、坚持创作，让莫言最终成为文学大家，并在2012年成为中国首位诺贝尔文学奖获得者。

时光穿梭机

一年一度的"读书大魔王日"开始了。活动中，电脑程序会随机抽取若干名同学，这些同学将为大家讲解自己最喜欢的书籍。

文乐乐被抽中了。他来到台上，充满自信地说："我看了很多书，都不知道给大家讲哪一本好了。让我想想，今天我就给大家讲讲《胡小闹日记》。胡小闹是一个很淘气的男生，我很喜欢他，因为他和我一样有想法。胡小闹在学校发生了很多有意思的故事，如果你想知道详情，记得和我一起看书哦！"同学们听完文乐乐的讲解，一脸迷茫，依然不了解《胡小闹日记》这本书。

伍天天上台了，她胸有成竹地说："我今天要为大家讲解《夏洛的网》，这是一本关于友谊的书籍。它讲述的是在主人家谷仓内，小猪威尔伯和一群动物快乐地生活，还跟蜘蛛夏洛变成了非常好的朋友。当小猪威尔伯知道自己快要变成熏肉火腿时，它十分难过，向好友夏洛寻求帮助。夏洛为了挽救它的性命，在蜘蛛网上编织出很多神奇的字体，比如'王牌猪''了不起'等，使得大家都认为它是一只非常厉害的小猪，从而避免了杀身之祸。夏洛为了威尔伯吐光了生命中最后的一根丝，自己的生命也走到尽头。我认为夏洛是一只了不起的蜘蛛，它让我知道了什么是最真挚的友谊，如果人生中没有一个知心朋友，世界将会是多么的黑暗。要交到一个真正的知心朋友，唯有以真心换真心，好朋友遇到困难之时应该挺身而出，不图回报。"

伍天天讲完，老师和同学们都报以热烈的掌声，许多同学给她点赞，这让文乐乐羡慕不已。

下课了，文乐乐问伍天天："你是如何看书讲书的，我也想像你一样厉害。"伍天天说："看书的时候，我会一心一意，专注投入；精彩的部分，我会摘抄到笔记本上；看完一本书之后，我会试着加上自己的读书感受讲一遍。这样就会记忆特别深刻。"文乐乐想起自己看书的场景，感觉自己需要作出一些改变了。

能量补给站

方法决定效率。一本书在手，如何阅读才可以提高阅读效率，保证阅读质量呢？我们一起来学习"五步读书法"吧。顾名思义，"五步读书法"就是把读书的过程分成五个步骤。

第一步：通过前言和目录了解作者的观点和书的结构

前言犹如作者和读者之间的第一次正式会面，一般情况下作者会在前言中说明编写本书的缘由，同时将主要内容和重要观点做一个综述。目录犹如整本书的平面设计图，通过浏览目录可以看到全书内容和结构。

第二步：提出问题

在第一步的基础之上，我们对每一章节内容提出一些有针对性的问题，可以首先尝试着将标题转换成问题。比如，标题是"学习的时间分配"，可转换成问题"怎样分配学习时间？"提出一个个问题可以促使自己寻找答案。

第三步：细读

　　带着问题进行深入的阅读，注意圈点画线，做好笔记，以加深理解，增强记忆。如果有疑问，可以和同学讨论，也可以自己查阅资料寻找答案。

第四步：复述

　　在一节读完之后，我们可以合上书本自问自答，进行一个完整的复述，进行学习和记忆效果的自我检查。

第五步：复习

　　包括章节复习和全书复习。只有如此，我们才能巩固阅读内容，提高阅读效率，实现书本的由薄到厚，又由厚到薄的螺旋上升。

自我成长屋

　　学习完"五步阅读法"，文乐乐说："对于自己感兴趣的书，我每次都想多看一会儿；对于不感兴趣的书，我却很难坚持。怎样才能做到坚持阅读，养成阅读的习惯呢？"钱小易边点头边说："嗯，我也是这样。"

　　妙妙听到乐天小队的对话，回答说："阅读，可以先从自己感兴趣的图书开始，逐渐培养自己阅读的习惯；固定阅读时间，可以培养阅读的习惯，比如睡前半小时的阅读；阅读的时候记笔记，可以促进我们更好地理解文本；我们还可以邀请小伙伴共读一本书，这样大家互相分享的时候，不仅能够一起感受阅读的乐趣，还能增进友谊呢！"

　　文乐乐听完恍然大悟："原来读书也有这么多方法啊，我现在就开始读书，等明年学校的'读书大魔王日'举办时，我也要登台展示一下。"

第六章

未来
到底谁负责

在学习之路上，每个人身上都有多种角色。我们很多时候处于"前行者"的角色中，在这个角色里，我们像公路上行驶的汽车一样努力前进。但是，学习不只需要我们努力前进，还需要引领者一路同行。引领者的作用如同导航仪，为我们明确努力方向，调整学习状态，使用恰当的学习方法，帮助我们快速高效地到达学习的目的地。或许，在学习的过程中，还有很多角色等着我们去发现。

在这一章里，我们将跟随乐天小队的脚步，一起去学习如何制定小目标，体验行动的威力；一起探秘时间的魔法，思考问题是如何解决的；一起去发现身边的无限资源，主动寻求帮助，跨越学习的分水岭……

1 "小目标"，我来了

今天是博物馆探险之旅的最后一天，乐天小队又会面对怎样的挑战呢？在第一个关卡的入口处，有这样一段提示：你平常会给自己制定目标吗？你知道如何制定目标吗？文乐乐撇着嘴说："谁还没有小目标啊，来，让我们先定一个小目标，2030年我要登上火星。"三个人一边聊天，一边走进了展厅。

撒哈拉沙漠中有一个小村庄叫作比塞尔。它靠在一块1.5平方千米的绿洲旁边，从这儿走出沙漠一般需要3个昼夜的时间，可是在英国皇家学院院士肯·莱文1926年发现它之前，这儿没有一个人走出过大沙漠。据说他们不是不愿意离开这块贫瘠的地方，而是尝试过很多次都没有走出来。

比塞尔人为什么走不出去呢？肯·莱文感到非常纳闷。最后，他决定雇一个比塞尔人，让他带路，看看到底是怎么回事。他们准备了能用半个月的水，牵上两匹骆驼。肯·莱文收起指南针等设备，只拉一根木棍跟在后面。10天过去了，他们走了1 000多千米的路程。第11天的早晨，一块绿洲出现在眼前，他们果然又回到了比塞尔。这一次肯·莱文终于明白了，比塞尔人之所以走不出大沙漠，是因为他们根本就不认识北极星。

肯·莱文在离开比塞尔时，告诉一个叫阿古特尔的青年："只要你白天休息，夜晚朝着北面那颗最亮的星星走，就能走出沙漠。"

阿古特尔照着去做，6天之后果然来到了大漠的边缘。阿古特尔因此成为比塞尔的开拓者，他的铜像被竖在小城的中央。铜像的底座上刻着一行字：新生活是从选定方向开始的。

新生活是从选定方向开始的。

时光穿梭机

期中考试后的一天，文乐乐走进教室的瞬间就闻到了"特别"的味道。

钱小易坐在座位上耷拉着脑袋，文乐乐凑过去看了看钱小易的英语试卷，75分，文乐乐幸灾乐祸地对钱小易说："不错哦，继续加油！"钱小易生气地看了文乐乐一眼。一会儿，文乐乐也拿到了自己的试卷，72分。两个人像泄气的皮球一样，无精打采地坐在座位上。

上课了，英语老师要求每一位同学，根据这次考试查漏补缺，制定自己的英语学习目标。文乐乐和钱小易为自己制定了目标，准备大干一场，结果……

能量补给站

如果按照时间划分，目标可以分为长期目标和短期目标。文乐乐的长期目标是成为一名宇航员，探索奇妙的宇宙。我们一起想一下，现在的他需要做些什么呢？相信很多同学都想到了，他需要做到成绩优秀、身体素质好，还需要广泛阅读。他只有足够优秀，才能在未来成为高精尖的航天人才。长期目标像一颗北极星，指引着我们前进的方向，让我们更好地制定和完成自己当下的短期目标。

对于如何更好地制定目标，这里给你们介绍一个非常好用的工具——SMART原则，它到底是什么，让我们来看一下。

1.S（Specific）具体的：明确具体，不能太笼统，像"下次考好"或者"下次一定要进步"等目标，就不符合该原则。

2.M（Measurable）可衡量的：有可以量化的指标，帮助我们判断是否完成了目标。

3.A（Attainable）可实现的：通过自己的努力可以实现的目标，不要设置得过高或者过低。可实现的目标要略高于现在的水平，我们努力"跳起来"就可以达到。

4.R（Relevant）相关的：就是目标和自我规划相一致。比如：提升英语成绩，保持成绩优秀，为实现自己的梦想作好准备。

5.T（Time-bound）有时限的：制定目标要有明确的时间节点，才能做好时间分配。

正在阅读的我们，行动起来，按照SMART原则，制定一个属于自己的"小目标"吧！

|自我成长屋|

> 学习过了SMART原则，文乐乐和钱小易重新调整了自己的目标。

文乐乐的目标是"下次一定要考好"，怎么样才是考好呢，过于笼统，不符合"具体的"和"可衡量的"原则。文乐乐将目标改为了"下次英语考试成绩达到90分"，这样更加明确具体，更好判断是否实现了自己的目标。

钱小易的目标是"我一定要考到班级第一"，这个目标不符合"可实现的"原则，难度过高，反而会影响自己学习的热情，他调整为了"比这次考试提高10分"。关于目标的时间期限，文乐乐和钱小易商定时间为3个月。为了实现自己的目标，他们一起努力提高自己的英语成绩。

2 行动的"威力"

制定目标是自我改变的第一步，今天，妙妙告诉乐天小队："在实现目标的路上，我们会遇到很多'障碍'，想要克服这些障碍，就需要我们的行动力了。在这一关里，我们会去探索其中的秘密"。乐天小队迫不及待地出发了。

奇妙新视界

美国作家斯蒂芬·盖斯和很多人一样，总是被懒惰打败。为了改变，他从高中起研究各种习惯养成策略。比如，计划每天跑步1小时。"功夫不负有心人"，终于所有的试验都失败了。

马上新年了，斯蒂芬却觉得自己失败极了，连续10年设立锻炼目标，却一直停留在"设定目标"。为了给来年开个好头，他决定坚持每天原地锻炼30分钟，但是他尝试了各种方法，依然在第一天就倒下了。一想到每天锻炼30分钟，坚持1年，他就被这个想法吓坏了。

有一天，鬼使神差的斯蒂芬冒出了一个念头：如果不是做30分钟的锻炼，而是只做一个俯卧撑，会怎样？

斯蒂芬趴在地上做了一个俯卧撑，一个俯卧撑很快就做完了，他又多做了几个。做完俯卧撑后，他想我再做一个引体向上吧，不知不觉，他已经运动20分钟了。这时，他想起腹肌练习，然后打开垫子，10分钟很快就过去了。后来，他不仅把健身这件事坚持下来了，还把它运用在生活的其他领域，比如写作。

斯蒂芬·盖斯把自己每天做一个俯卧撑的故事写进了一本书，他的人生从此走向了光明。

如果不做30分钟锻炼，只做一个俯卧撑呢？

今天写满一页，任务就完成了！

能量补给站

目标制定好后，一系列实现目标的步骤就称为计划。合理制订计划和及时调整计划，都可以帮我们更好地坚持下去，感受到行动的"威力"。PDCA循环管理模式是指从计划、执行、检查到调整的过程，它有助于计划的执行和目标的实现。

1 计划阶段（Plan）：根据自己真实的学习情况，按照SMART原则制订学习目标。

2 执行阶段（DO）：坚持按照学习计划，完成相应的学习任务。

3 检查阶段（Check）：总结执行计划的情况，分析哪些部分做对了，哪些部分需要调整，明确效果，找出问题。

4 调整阶段（Act)：在检查阶段发现问题，如果是计划有问题，就要调整计划。如果问题出在执行方面，就要找到原因并加以改进。

计划执行的过程，也是不断调整完善的过程。任务难度、完成时间、完成频率、完成方式都可以根据实际情况适当调整，我们的目的是让自己行动起来，通过行动让计划真正落地，争取成为行动小达人。

自我成长屋

如何才能克服惰性，成为行动小达人呢？乐天小队边走边思考起来。

妙妙说："提升行动力确实需要一些方法。其实，一些方法你们一直在使用，只是没有注意到而已，让我们一起看看吧。"

1. 321法则

321法则，就是在我们计划学习之前，感受还没反应过来的时候，就先一步行动起来，倒数"3、2、1"，然后立刻开始学习。321法则就像是给大脑设定"开关"，需要注意的是，321法则一定要记得及时发动，如果等感受反应过来再用，就难以生效了。

2.想象练习

想象练习是通过想象，让我们想到因为没有完成计划，未来可能出现的场景，进而督促我们克服眼前的惰性，行动起来完成计划。

3.尝试自我激励

前面进行了目标分解。当我们在一段时间内完成了阶段目标，这会给我们带来大大的成就感。我们可以选择自己喜欢的方式奖励自己：可以是物质奖励，比如书、玩具或者零食等；也可以是精神奖励，比如游戏或者娱乐时间等。

今天晚上奖励自己听半小时侦探故事！

3 时间也能变魔法

　　在目标制定中有一个关键要素，就是时间。背一篇课文需要时间，看一本书需要时间，画一幅画也需要时间，可以说任何一个目标的实现都需要时间。可是，想做的事情那么多，我们怎么才能充分利用好时间呢？其实时间也是一位魔法师，只要我们与它成为真正的朋友，它会给我们意想不到的惊喜。让我们一起和乐天小队走进"时间也能变魔法"吧！

奇妙新视界

在这一关，乐天小队来到了一个叫作"微型实验室"的地方。在这里，专业的老师会带领他们体验各种实验活动。

实验材料：一个装着水的瓶子、几块大石子、一些小石子、一小瓶细沙、一个空的宽口杯子

实验要求：把水、沙子、小石子、大石子都放进这个空的宽口杯子中。

文乐乐、钱小易、伍天天看到这个小实验，跃跃欲试。

实验结果一出，可把伍天天乐坏了，三个人中只有她把材料全放进了杯子里。实验室的老师说："同学们，这个小实验就是想让大家感受'时间魔法师'的秘密，你们知道这个秘密是怎么回事了吗？"

文乐乐在一旁想了想，突然一拍脑门说道："原来'时间魔法师'是想告诉我们，每个人每天都会有很多事情，那些事情就好像实验中的大石子、小石子、沙子和水，总会有个轻重缓急之分。那个空的杯子就好像是有限的时间，如果想在有限的时间内完成更多的事情，我们就要根据重要程度安排好这些事情，不然时间可能就会不够用啊。"

能量补给站

刚才的小实验已经在向我们传达时间管理中一个重要的方法了，就是根据重要程度对事件类别进行划分，对时间进行合理的规划和管理。美国管理学家史蒂芬·柯维提出了"时间四象限分析法"，它的核心是通过把事件按照紧急程度和重要程度分为四类，从而提高时间的利用率和有效性。

第一类：既重要又紧急。比如，上课、难题解决、为马上到来的考试复习等。

第二类：不重要但紧急。这一般是比较突发的零碎时间。比如，不速之客、朋友的临时邀请等。

第三类：不重要也不紧急。这类事情往往会耽误我们很多时间。比如，抱怨、过多时间看手机、打游戏等。

第四类：重要但不紧急。这一般是长远的规划。比如，锻炼身体、阅读等。

四个象限的事情，建议在行动上要有所区分，特别是原本时间就非常有限的情况下，那就是："既重要又紧急"的事情要立即去做，"不重要但紧急"的事情可以他人代做，"不重要不紧急"的事情最后去做，"很重要不紧急"的事情计划去做。

自我成长屋

机器人妙妙看见乐天小队收获满满地走过来，迅速拿出通关卡，还打趣地问："时间四象限分析法，你们知道怎么用吗？"早就做好准备的钱小易说："这难不倒我。要想让自己的时间会变魔法，我们总共分四步完成，你看这是我们制作的卡片。"

做事之前规划好 时间也会变魔法

第一步：在开始做事之前，先把所有的事情罗列出来。

第二步：核实自己有多长时间可以做这些事情，然后按照事件的重要程度和紧急程度分成四类。

第三步：在有限的时间内，一定先做"既重要又紧急""很重要不紧急"的事情。

第四步：每做完一件"既重要又紧急"或"很重要不紧急"的事情，一定要给自己鼓劲儿，告诉自己"我可以的！"

正在阅读的你，学会把自己的时间变魔法了吗？如果学会了，试着把自己一天的安排做个时间四象限的安排吧！

4 迈过学习的"分水岭"

在学习的路上，有两种角色始终存在：一个是正在努力的前行者，另一个是控制方向的指引者。如果有一天我们预感到前方的路可能会出现岔口，这两种身份要做好什么准备呢？让我们和乐天小队一起学习，看看能否在岔口到来之前，精准地确认未来的方向。

奇妙新视界

　　从前，有兄弟二人一同和一位经验丰富的老师傅学习伐木之道。学期将满，临行前，老师傅送给兄弟俩每人一把锯子，并嘱咐道："锯是伐木的关键工具，要常常查看，以免过度磨损，影响自己的营生啊！"兄弟二人连连点头，谢过师傅后便离开了。

　　兄弟俩决定共同选择一片森林开始伐木事业。开始时，二人每天的伐木数量相差无几。一些时日后，哥哥想起老师傅临行前的嘱托，开始检查和维护自己的锯，弟弟却不以为然。哥哥的锯经过检修用起来十分顺手，而弟弟的锯勉强继续使用。最终，两个人因观念上的不同而在砍伐的道路上分道扬镳。

时光穿梭机

钱小易家的楼下，曾经住着一个比自己大两岁的小男孩然然。一二年级的时候，他经常和这位高年级的小哥哥一起上下学。钱小易记得，那时候奶奶总说然然学习特别好，自己也总是不自觉地以然然为榜样。可是，后来的情况发生了一些变化。

大概三年级下学期时，然然开始和同学玩起了手机游戏。每天放学回到家，他总是借着用手机完成作业的理由玩一会儿游戏。刚开始，他每天玩五六分钟，但越玩越想玩，越玩跟班里几个同学课间聊游戏的时间越多，后来每天玩一个多小时的游戏。一二年级养成的学习习惯一点点地消失了，作业越来越糊弄。

就这样，大约只经过一个学期的时间，然然的学习成绩从班里的名列前茅慢慢地滑落到中下游，也经常因为学习的退步被老师批评。而钱小易和然然的关系也在慢慢地发生变化，然然不再像从前一样和钱小易一起上下学，交流得越来越少。钱小易心里多希望然然能回到从前啊！

能量补给站

"一二年级差别不大，三四年级两极分化，五六年级天上地下。"这句话向我们传递了这样一个信息：三四年级是小学学习出现两极分化的关键时期，我们如果能科学应对，到了五六年级学习就会有质的飞跃；我们如果不加以重视，到了五六年级学习很可能就会出现断崖式下降。身处此阶段的我们，要了解影响分化的三个关键因素。

1.课程难度大幅增加

三年级以后，语文阅读和写作要求提高，英语有口语考试，数学的题目也开始变得复杂。所有学习内容对思维的要求正在不断提高。

2.学习方法要加以调整

一二年级知识相对简单，但三年级以后，知识难了，需要联系实际生活的内容越来越多，如果我们还是仅仅局限于书本，没有阅读的支撑，没有思维和方法的变化，学习就会出现不同程度的退步。

3.自我意识逐渐强烈

到了八九岁，我们就会进入自主期，开始在意自己的想法。在学习上，我们对父母的建议和指导也不再像从前那样全盘接受，如果在一段时间内适合自己的学习方式没有找到，又没有接受老师、家长科学的建议，我们的学习自然也会出现变化。

我们如何顺利度过学习的分化期呢？第一是提高阅读能力，可以翻阅第五章"阅读，让视野更宽广"展厅的内容；第二是提升思维训练，可以翻阅第三章"'逻辑高手'养成记"中的内容；第三是在学习中增加练习，巩固基础、获得新知。

|自我成长屋|

　　在我们的学习中，每个人都希望有"魔法"，它可以帮我们解决一切学习难题。

　　掌握解决问题的步骤，有助于我们用一种缜密的方式来思考问题，也会帮助我们从不同的角度寻找高效解决问题的方法。

　　步骤一：找出问题，明确、具体地陈述问题。比如"我的语文写作需要提高"就比"我学不好语文"更明确、更具体，而且更积极。

　　步骤二：找出各种可能的解决办法，并考虑每一种办法的可行性。这个环节可以自己寻找，也可以询问爸爸妈妈或者伙伴们。

　　步骤三：选择其中一种解决办法，制订具体的行动方案。当我们分析过各种办法的利弊得失之后，选择其中一种解决办法来行动，然后制订出详细的行动方案。

　　步骤四：执行行动方案。需要注意行动方案的具体落实，明确需要做什么、什么时候做、做多久等内容。

　　步骤五：评估有效性。执行方案后，如果有效，可以将这种解决办法保留；如果无效，重复上述步骤，直到找到合适的解决办法。需要注意，有时候问题的解决需要反复多次才能有效，一定要做好心理准备。

学习成长记录

我的问题：

建议：

1.每1～2周对自己的薄弱学科进行分析，特别是语文阅读和习作、数学思维，并用文字在上方"我的问题"部分梳理进步和困惑。

2.带着自己对学习的思考用前面讲到的"问题解决步骤"进行分析，并和父母进行沟通，寻求必要的支持和帮助。

必要的时候寻找帮助，也是一种成长！

我们还是正在成长的小学生，对方向的把控还需要父母和老师帮助我们共同完成。有自己对学习的不竭动力，有家长与老师对学习的监督和建议，相信我们一定会顺利地迈过学习的分水岭，为未来的自己做准备。

善用身边的资源

　　在学习之路上，每个人都是自己的主人，我们身边还有很多可以提供帮助的朋友。博物馆探险之旅的最后一关，乐天小队和妙妙要去寻找这些朋友，让我们跟随他们的脚步，一起去寻找学习的助力吧！

奇妙新视界

星期六上午，一个小男孩在他的玩具沙箱里玩耍。沙箱里有一些玩具小汽车、敞篷货车、塑料水桶和一把亮闪闪的塑料铲子。他在松软的沙堆上修筑公路和隧道时，在沙箱的中部发现一块很大的岩石块。

小男孩开始挖掘石块周围的沙子，试图把它从泥沙中弄出来。他是个很小的男孩，而石块却相当大。手脚并用，石块终于被他连推带滚地弄到了沙箱的边缘。不过，这时他才发现，他无法把石块向上滚动，让它翻过沙箱边墙。

小男孩下定决心，手推、肩挤、左摇右晃，一次又一次地向边墙发起冲击。可是，每当他取得了一些进展的时候，石块便滑脱了，重新掉进沙箱。小男孩使出吃奶的力气猛推猛挤，但是，石块再次滚落回来，还砸伤了他的手指。最后，他伤心地哭了起来。整个过程，男孩的父亲从起居室的窗户里看得一清二楚，他来到男孩跟前。

父亲的话温和而坚定："儿子，你为什么不用上所有的力量呢？"

垂头丧气的小男孩抽泣道："但是我已经用尽全力了，爸爸，我已经尽力了！我用尽了我所有的力量！"

"不对，儿子，"父亲亲切地纠正道，"你并没有用尽你所有的力量，你没有请求我的帮助。"

父亲弯下腰，抱起石块，将它搬出了沙箱。

妙妙问乐天小队："在学习中遇到困难的时候，你们会主动求助吗？"钱小易说："当然会啊，我会问我的爸爸妈妈。"伍天天想了想说："我会根据不同的问题选择不同的求助对象。"妙妙点了点头，接着说："每个人各有所长，你的朋友和亲人都是你的资源和力量。"文乐乐听了妙妙的话，默默地低下了头。

|时光穿梭机|

周五的晚上，文乐乐在看课外书，妈妈在旁边写工作方案。妈妈好像遇到了困难，打电话向同事请教，文乐乐若有所思。

等妈妈打完电话，乐乐问妈妈："这个同事比你厉害吗，你为什么要请教她呀？"妈妈笑着说："她很多方面确实比我厉害哦。和她聊一聊，可以帮我梳理思路，还能节省时间。"

文乐乐噘着嘴说："今天上课的时候，有一道题我就是不会做，我的同桌做完了，但是我也不想向他求助。"看着妈妈疑惑的表情，文乐乐接着说："我的成绩一直比他好，平时都是他向我请教，我要是向他求助，显得我特别没面子。"

妈妈笑着说："你担心他看不起你，还是担心影响自己的形象？"文乐乐不好意思地挠挠头。妈妈接着说："我们有时候会认为求助就是软弱，担心别人瞧不起，或者认为求助就是给别人添麻烦。"

文乐乐一边点头一边说："是的，我有时候课间也不好意思找老师问问题，担心会影响老师休息。"

妈妈说："你希望老师多休息，很暖心，但是我想老师更希望看到你主动求助。求助，是一种智慧。当然，在别人需要你的时候，你也要尽自己所能，为他人提供帮助。"

文乐乐："求助，是一种智慧。妈妈，我记住了，下次我遇到困难的时候，一定主动寻求帮助。"

能量补给站

学习资源是学习过程中我们可以利用的一切显现的或潜在的条件，是物力、人力、自然资源和社会资源的总和。在学习遇到困难的时候，我们可以先尝试独立思考，如果思考之后仍然没有解决问题，也要学会选择合适的求助对象。求助，是我们成长道路上必不可少的一项技能。身边这些丰富的资源，都可以为我们提供学习的助力！

1.人际资源。比如同学、老师、家人等。每个人各有所长，当学习遇到困难的时候，你可以向身边的人求助。

2.书籍和网络资源。在需要的时候，我们既可以借助书籍找到问题的答案，也可以通过网络查询感兴趣的知识。

3.自然和社会资源。包括博物馆、展览馆、公园以及广阔的大自然。这些地方都能给我们提供丰富的信息和知识。

|自我成长屋|

　　探险之旅的最后一关结束了，乐天小队依依不舍地走出展厅。妙妙问大家："求助的智慧，你们学会了吗？"钱小易说："我今天才知道，我身边有这么多可以求助的学习资源。"文乐乐说："我也是，以前只想到同学、老师和爸爸妈妈。"

妙妙

　　千万不要忘记我，在未来的学习之路上，你如果遇到困难，再来读一读这本书，也许可以找到解决问题的方法。梦想就在前方，加油吧！